LOS GITANOS: GUARI
EL FLAMEI

MW01537488

IRENE RIMER

INDICE

DEDICATORIA

Deseo expresar mi gratitud a los maestros en mi vida. Siempre podemos aprender de otros, no importa quiénes son; sin embargo, algunas personas que vienen a nuestras vidas, nos impactan grandemente al ayudarnos a mantener el curso de la senda que necesitamos seguir. Con esos maestros estoy en deuda.

INTRODUCCIÓN

Uno, dos, uno, dos, tres, cuatro, cinco, seis, siete, ocho, nueve, diez. Uno y dos son repetidos otra vez en cada comienzo de la secuencia que finaliza en diez. Esos son los números que esta escritora escuchaba diariamente en voz alta, mientras los estudiantes caminaban dentro del edificio original de los famosos estudios Amor de Dios en Madrid. Desde mi niñez, tuve fascinación por el ritmo y estilo de baile de los gitanos, llamado flamenco. Una vez, mi padre me preguntó que me gustaría ser cuando creciera, le dije que quería ser una gitana.

Durante mi infancia, nuestra familia pasó cuatro años en España. Papá contrató una anciana gitana para que viniera a nuestra casa a enseñarme flamenco una vez a la semana. Cuando la familia regresó a nuestro país, me volví obsesiva con la idea de retornar a España para continuar estudiando. Mientras tanto, me matriculé en un estudio donde el instructor de flamenco José serrano enseñaba y entrenaba su compañía. Él tenía un impresionante currículum de baile que incluía haber sido miembro del Ballet Nacional de España. Después de unos pocos años de instrucción, llegué a ser su primera bailarina. José recomendó que volviera a España a tomar clases con María Magdalena en los estudios Amor de Dios, y así logré regresar a España durante mi adolescencia.

María magdalena fue una de las mejores, si no la mejor, instructora de técnicas flamencas. Muchos maestros allá no contaban el ritmo todo el tiempo como es usualmente el caso cuando se estudian otros tipos de bailes. El contar en flamenco se hace principalmente para beneficio de los estudiantes que no pueden seguir los acentos en el ritmo sin analizarlos y volver al ritmo dentro de una secuencia de contaje; aunque la meta no es tener que pensar en los números, sino poder sentirlos instintivamente. Muchos estudiantes de flamenco, al principio, tienen dificultad al sincronizar dentro del ritmo instintivamente. A menos que cuenten, ellos no pueden seguir las secuencias de las coreografías y pautas rítmicas del flamenco. Hay, no obstante, unos pocos estudiantes que ya tienen este talento desde su nacimiento – la habilidad de sentir el ritmo, en lugar de contarlo.

Durante mi permanencia en España como adolescente, además de estudiar flamenco, una vez fui con uno de los otros estudiantes a ver una gitana anciana, quien decía la fortuna mediante la lectura de las cartas del Tarot. El flamenco es conocido como "el arte de los gitanos"; Por eso, como las cartas del Tarot también están asociadas con los gitanos, yo estaba muy intrigada. Pocos días después encontré a la dama gitana otra vez. Ella me preguntó si yo quería aprender a decir las fortunas. Cuando tomé interés ella me enseño lo que hacía y me dio un paquete de cartas, aún no recuerdo haberle pagado por este conocimiento. Leer las cartas al principio pareció como un juego. Escéptica al principio, pronto fui "muy buena" en eso, después de aventurarme a decir una pocas "fortunas" a individuos que me permitieron practicar con ellos, y quienes también estaban intrigados por esas cartas. Comprendí verdades e informes pertenecientes a estas personas comprometidas en las lecturas. Cuando perdí una amiga debido a la carencia de tacto al decirle que su novio estaba probablemente por llamarla a su boda, comprendí que no era buena idea para mí continuar leyendo, aun cuando sucedió justo mientras mi intuición me guiaba a leer las cartas. Estaba tan enfocada en permanecer exactamente en lo que las cartas querían decir que no comprendí que yo carecía de la madurez necesaria requerida para transmitir los mensajes.

Además, más tarde descubrí que si bien su uso para predecir eventos y asesorar es bueno, decir la fortuna no es el propósito de estas cartas sino abusar del inmensurable conocimiento que contienen. Así, dejé de decir fortunas y no volví a levantar las cartas hasta más de 20 años después cuando me sentí apremiada a hacerlo debido a que estaba en desesperada necesidad de guía. Cuando quiera que use las cartas ahora, es porque realmente necesito una confirmación o respuesta a un problema que no pueda resolver mediante la meditación.

La falacia es que el Tarot pueda decir fortunas. De la misma manera que nosotros podemos predecir el tiempo, podemos predecir el efecto de los patrones de energía que nos afecta; eso es lo que el Tarot, al igual que la Astrología, nos ayuda a hacer. Nadie conoce el origen de las cartas del Tarot, o cómo fueron creadas, pero sabemos cómo utilizarlas como herramientas. Son de gran ayuda en el desarrollo de la intuición. Es un hecho establecido que somos energía y nuestros pensamientos son fuerzas viajando a través de canales psíquicos en la atmósfera. Esos pensamientos toman forma; y, pueden ser "leídos" para desarrollar los sentidos internos que nos conectan a esos canales psíquicos o frecuencias. Volviendo nuestros sentidos hacia adentro mediante la meditación, podemos descubrir un mundo interno dentro de nosotros.

Los místicos de todos los tiempos han escrito sobre el valor del conocimiento oculto que, aunque suprimido por algún tiempo al controlar los poderes por motivos ulteriores, es en el ascenso como la humanidad evoluciona. Tal como las matemáticas, un lenguaje universal, nos da las respuestas para problemas complejos en todo tipo de campos. El Tarot contiene secuencias numerológicas y matemáticas, es una herramienta que podemos utilizarla para el autoconocimiento, entender nuestro propósito en la vida y encontrar soluciones a los problemas de nuestra vida. Sin embargo, la panacea para el alma perturbada, es la más simple disciplina, meditación práctica. Como todas las cosas, la meditación toma algún tiempo y dedicación, y esto es lo que la mayoría de las personas sobre la tierra no desean sacrificar para su propio beneficio, no conociendo o creyendo en sus beneficios. La gente prefiere gastar su tiempo en distracciones mundanas.

A través de nuestro viaje por la tierra, debemos aprender a escuchar más y más nuestro Ser Interno, como guía, mediante la meditación diaria; así la clave que Jesús nos dio en Lucas 17:21, cuando dijo que el reino de los cielos está dentro de nosotros. Cuando nos abrimos a la afluencia de la más alta realidad que vive dentro de cada uno nosotros, tenemos directo contacto con el poder más grande, la Luz Eterna que tiene todas las respuestas que buscamos. De la misma manera como un astrólogo competente busca confirmación sobre los aspectos de una carta astrológica antes de hacer predicciones, podemos obtener respuestas y confirmaciones mediante la meditación diaria. Muchas personas comienzan a meditar usando sus ojos; tal como usualmente se sugiere, al principio meditar usando una vela como alternativa. La idea es enfocarse en la flama de la vela en estado meditativo por algunos minutos antes de cerrar nuestros ojos. Esto nos ayuda a cambiar nuestro enfoque desde el mundo exterior al interior gradualmente, ejercitando lo que llamamos nuestro tercer ojo, también conocido como sexto sentido de percepción, el cual está atrofiado en muchos de la humanidad en este tiempo. El tercer ojo es el sentido interno de percepción, la visión interna con iluminación del Sol Espiritual, necesitado para "ver" la más alta realidad de quiénes somos. El tercer ojo es el aura en geometría sagrada. Si puedes percibirla, puedes notar que parece la apertura de una cerradura donde una llave sería insertada. Si tú internamente estudias el área alrededor del tercer ojo. Puedes notar "los párpados del ojo", ellos semejan los dos lóbulos del cerebro. En los estudios rosacruces se dice que esta es la forma como nuestra alma existe en el cuerpo, a través de la abertura entre los lóbulos del cerebro, al momento de la muerte psíquica. Mientras continuamos la práctica de la meditación, podemos ver el cielo estrellado dentro de nosotros; y, puede llegar el momento de ver la zarza ardiente y oír el mensaje, "no te acerques más… quita tus sandalias, porque el lugar donde estás parado es suelo sagrado." (Éxodo 3:5). Nuestros corazones, entonces, se postrarán ante la presencia del Altísimo.

La meditación es la llave, el "ábrete sésamo" al mundo interior, un mundo de maravillas más grande que cualquiera otra cosa que se pueda experimentar con los sentidos físicos. De la misma manera cómo podemos meditar al usar nuestro sentido de la vista, podemos meditar usando nuestro sentido del oído. De acuerdo con el Dr. Paul León Masters, in la página 5 de su "Curso de Meditación Dinámica", "cada palabra que habla es una energía vibratoria". Esto aplica con la música también. Las melodías musicales están compuestas de notas que logran fases musicales contentivas de energías vibratorias, y éstas a su vez, llenan la atmósfera con energía vibratoria psíquica que nos afecta. Algunas melodías se sienten tan fuerte, que nos incita dentro de la acción. Si la energía es armoniosa, nos afectará positivamente; si no, nos afectará negativamente, algunas veces hasta en detrimento de nuestros cuerpos físicos. Esto es de acuerdo a las enseñanzas de la antigua Grecia, lo cual será discutido en este trabajo.

Un importante aspecto al usar nuestro sentido del oído para meditar, es enfocarse en el ritmo. Al meditar sobre el ritmo nosotros mismos podemos acordar los ciclos cósmicos, ya que hay una Ley de ciclos en el Universo; esta ley es también conocida como la Ley del Ritmo. Todo lo que se mueve lo hace por progresión en espiral; esos son ciclos, y hay ciclos dentro de ciclos. Todo en el universo se mueve, vibra. Nada está absolutamente estático; este es un hecho conocido por los antiguos durante siglos, aunque recientemente comprobado por la ciencia. "El instrumento a través del cual, el hombre percibe la música, es el más perfecto órgano de los sentidos en el cuerpo humano. El ojo no lo es, de manera cierta, pero el oído sí, en el sentido de que escucha cada sonido sin distorsión, mientras que el ojo a menudo distorsiona lo que ve" (Heindel. 1901). Esta afirmación aboga por el sentido físico del oído ante el sentido de la vista.

Aunque nuestro sexto sentido de percepción es conocido como visión interna, este no se manifiesta como un sentido físico de la vista sino como entendimiento interior; además, incluye la coordinación de las vibraciones recibidas desde las percepciones físicas de color, forma, sonido, olor y sabor. El número seis representa armonía. Mientras desarrollamos nuestro sexto sentido, eventualmente podremos ver en lo interno, y oír el sonido y tono de los planetas mientras se mueven en el universo; y, también escuchar la música de los mundos internos, ya que es ahí donde la música se origina.

El Flamenco, conocido como el arte de los gitanos, es el más grande instrumento en el aprendizaje del ritmo y ciclos, contiene la clave para sincronizar dentro del ritmo, si lo usamos para meditar enfocándonos en las vibraciones y acentos de las ondas del sonido, que están diseñadas naturalmente en secuencias numerológicas.

En este trabajo discutiré el origen de los gitanos y el conocimiento antiguo, los misterios escondidos dentro de su cultura y tradiciones. El flamenco, además de ser una forma de arte, útil al expresar el alma interna, es una disciplina que puede ser utilizada para lograr el auto dominio de la naturaleza emocional. Su origen místico y su norma rítmica básica, basada sobre los doce números del reloj, ha intrigado a un gran número de percusionistas que pensaban que ellos conocían todo respecto al ritmo hasta que descubrieron esta forma de arte. Ellos comprendieron que cuando tú conoces el flamenco, puedes tocar, bailar o practicar cualquier otro ritmo en el mundo. Por consiguiente, todos pueden beneficiarse con el uso de sus pautas rítmicas en meditación.

Segundo, los misterios ocultos, escondidos, y el conocimiento contenido en el paquete de cartas conocidas como Tarot serán discutidos a través de las páginas de esta disertación; al igual que sus conexiones numerológicas con la cábala judía y el flamenco. Esta escritora demostrará las relaciones de la numerología Pitagórica con los ciclos y el ritmo, dentro del flamenco y el Tarot; y, se incluyen las ilustraciones, así que estos conceptos pueden ser visualizados.

Esta autora explicará sobre la necesidad de los antiguos videntes tuvieron para esconder sus conocimientos en libros, pinturas, artes y grupos de personas, para el beneficio de la humanidad en general. Finalmente, concluiremos con el hecho de que cada uno de nosotros es un bailador en la vida. Entre más pronto aprendamos a conquistar los números aprendiendo a danzar a través de la vida, disfrutaremos de mayor poder, libertad y felicidad.

Tenemos todas las respuestas que buscamos; solo necesitamos saber cómo conseguirlas. Dios no puede ser engañado y también tiene sentido de humor.

Análisis de literatura

El 16 de noviembre de 2010, la Organización para la Educación, Ciencia y Cultura de la Naciones Unidas que promueve la paz y justicia en el mundo, UNESCO, declaró al arte del flamenco como una de las Obras Maestras de Herencia Oral e Intangible de la Humanidad.

¿Qué hace que el flamenco sea tan único?

Nadie sabe realmente dónde se originó el flamenco, pero ese es el nombre utilizado al referirse al arte practicado por los gitanos y también se le conoció como el pueblo romaní que se instaló al sur de España. Esta forma de arte que incluye canciones, bailes y música instrumental, sirve como una manera espiritual de expresión a quien la practique. El flamenco, originalmente enseñado por los gitanos a miembros de su propia familia, se enseña ahora, a personas de todas las nacionalidades y formaciones. Ha ido aumentando el interés debido a su naturaleza intensa y subyacente misticismo. Hoy, hay estudios de flamenco en muchos países del mundo. En Japón, hay más estudios de flamenco que en España.

Los gitanos seguramente han encontrado un tipo especial de "libertad" con el flamenco, libertad de expresión. Incluso enfrentando la represión, fueron capaces de expresar los esfuerzos que tuvieron que soportar mediante su forma de arte, al componer sus líricas flamencas o "letras" de sus canciones con el contenido de las experiencias de sus vidas. Hay abundancia de viejas líricas, aun cantadas hoy día, tales como aquellas de Juan El Lebrijano en el álbum *Persecución*, donde se cuenta la historia de las aflicciones de la persecución durante el siglo XV, por los reyes de España Fernando de Aragón e Isabel de Castilla, mediante canciones arregladas dentro de excelentes modelos rítmicos del Flamenco.

Al flamenco generalmente se le conoce como música de España. Se dice que surgió del sur de España, en el área conocida como Andalucía, de una mezcla romaní, música local de Andalucía y danza de estilo judío, árabe e influencias bizantinas. Sin embargo, su estructura numerológica tiene profundas raíces que se pueden rastrear hasta los más antiguos tiempos, una edad remota.

En un artículo publicado por TNN se reseña que "la investigación del ADN ha establecido los genes de los gitanos europeos en el norte de la India, Se cree que varias invasiones en la India dirigieron el éxodo de esta tribu en tres oleadas, las cuales condujeron el despliegue de esta tribu a través de Persia, Turquía, Grecia, Europa: España, Rusia, Finlandia, Egipto y Marrueco". Aunque se da por seguro que grandes grupos de romaníes nómadas emigraron a España desde el norte de la India, alrededor del año 1000 DC.

Mientras estas personas viajaban, acamparon y permanecieron en diferentes lugares por largos períodos, y a causa de esto, su cultura y música influyó en otros grupos en su ruta hacia Andalucía y a través del Norte de Africa. Alguna investigación sugiere que es debido a que los gitanos arribaron a Andalucía a través del norte de Africa, que los romaníes se denominaron a sí mismos gitanos. La palabra gitano se origina de "egipciano", en español significa "egipcios", como la palabra "gipsy" en inglés se origina de "egyptian".

Los gitanos... son un pueblo que se ha esparcido a través del globo y cuyo origen siempre ha sido oculto en mitos y misterios (entre otras razones porque ellos no han mantenido un registro escrito de sus primeros tiempos)... en Francia se refieren a ellos como gitanes, en España los llaman gitanos y en Alemania, zigeuner –zíngaros- (Hoy me enteré). Los gitanos no tienen patria propia o nacionalidad. No tienen libro alguno. No hay historiadores que hayan podido explicar su origen. Hasta recientemente muchos gitanos todavía no sabían cómo escribir, cuando un gran grupo de ellos reconoció la necesidad de ser aceptados por otros grupos y han estudiado para mejorar sus vidas.

Hay algunos textos sin embargo, que sostienen que los gitanos provienen de Egipto, que tienen una cercana conexión con los judíos, que va más allá de cuando los judíos estaban en Egipto. Las investigaciones ocultas llegan hasta establecer que esta gente, los gitanos, son los descendientes de un antiguo sacerdocio.

Hay fuerte evidencia de una determinada conexión entre los gitanos y los judíos cuando consideramos las similitudes de la historia de estos grupos, examinamos la numerología dentro de las cartas del Tarot que los gitanos usan; y, la comparamos con la cábala judía. También, la unidad rítmica básica del flamenco, conocida como el "compás" en España, significativo de la secuencia rítmica, se basa en esta numerología.

Como con la gente judía, hubo continuada animosidad entre los gitanos y la gente de los lugares donde se establecían. Durante el siglo XV, en España, los españoles demandaron que los gitanos, al igual que los judíos, abandonaran sus costumbres, lenguajes y músicas. Muchos de ellos fueron expulsados del país, y otros fueron forzados a vivir en guetos a menos que negaran y abandonaran todos los aspectos de sus tradiciones. El destino tiene sentido del humor, porque debido a este aislamiento, la tradición de estos grupos de personas, se mantuvo en secreto. Así ellos mantuvieron la pureza de sus tradiciones, ajenas a las influencias externas. El arte estilo de los gitanos, el flamenco, se mantuvo genuino, y aunque recientemente un movimiento llamado Nuevo Flamenco, ha emergido. Hay abundancia de artistas que aún ejecutan el estilo original. Los patrones numerológicos continúan siendo los patrones originales también.

El artista flamenco genuino debe canalizar su personalidad interior, su alma. Su expresión de sentimientos debe cumplir con las reglas establecidas de una forma de canción en un patrón rítmico. Muchas de esas canciones, un ejemplo es lo que se conoce como "cante jondo" o canción profunda en flamenco, muy semejante a aquellas cantadas en los templos judíos y moriscos, y en las iglesias griegas. Estas canciones usan el canto.

Un canto… es el ritmo hablando o cantando de palabras o sonidos, a menudo primariamente en uno o dos declives principales, llamados tonos recitados.

Los cantos pueden extenderse desde una simple melodía implicando un límite establecido de notas hasta una estructura musical altamente compleja, incluyendo a menudo una gran cantidad de repeticiones de sub-frases musicales, tales como Grandes Responsorios y Ofertorios de canto Gregoriano… Cantando (p.e., mantra, texto sagrado, el nombre de Dios/Espíritu, etc.) es una práctica espiritual comúnmente utilizada. Como oración, la canción puede ser un componente de su práctica personal o de grupo. Diversas tradiciones espirituales consideran el canto una ruta hacia el desarrollo espiritual (Wikipedia).

Las canciones que usan el canto son espirituales, ya que su contenido viene desde lo profundo del corazón. Las canciones sagradas o las canciones del flamenco, que están llenas de profundo sentimiento "a menudo traen la emoción a la superficie. Esto, por supuesto, nos permite sanar patrones atascados que reconocemos en las memorias centelladas por las emociones. Debido a que muchos cantos son cortos y repetitivos, uno a menudo alcanza un punto donde las canciones cantan y la mente puede desconectarse o "salir en trance". En este punto, cantar se vuelve un ejercicio meditativo, permitiendo los beneficios inherentes a la relajación de meditación, y acceder a nuestras fuentes profundas de sabiduría" (Cantando y cantando).

Canto y números pitagoreanos son el corazón del flamenco; La raíz de la estructura de esta forma de arte vuelve a los antiguos egipcios, ya que es ahí donde los griegos y judíos obtienen sus conocimientos. Egipto fue la capital del conocimiento mundial. "El antiguo Egipto, como término histórico general, se refiere ampliamente a la civilización del Valle del Nilo desde aproximadamente 3300 años A.C... Muchos cristianos consideran muy significativo que Jesús, de acuerdo a la tradición, pasó un tiempo en Egipto" (Nueva Enciclopedia Mundial).

El flamenco es espiritual, similar al jazz en el sentido de que permite la libertad de expresión; además, poder improvisar es la meta de cada artista flamenco. Un maestro flamenco es una persona que domina el ritmo, y principalmente improvisa, se espera de él o ella, precisión al golpear sin tener que pensar. Por añadidura, esta forma de arte requiere de una muda etiqueta de regular el tiempo entre los músicos, cantantes, bailadores y percusionistas. Los flamencos, como se les llama a aquellos que practican el flamenco, deben entender, sin hablar una palabra, la coordinación del tiempo oculta por el bailador al marcar sus pies, al guitarrista al hacer solos, o al cantante al ejecutar cierta canción o parte de ella, en un tiempo específico. Esta práctica aumenta la intuición, debería estar en conocimiento de cuál será el siguiente paso ya que todo será improvisado; y, cada aspecto es tomado en cuenta, hasta lo abstracto.

La disposición, o la emoción expresada por el ejecutante también se manifiestan en la melodía y ritmos escogidos. La combinación de melodías específicas y ritmos se les conoce como "palos". Por ejemplo, cuando se siente feliz, el palo apropiado para expresar este modo sería el conocido como "alegrías", lo cual significa felicidad. Y si queremos expresar tristeza y aflicción, "solea" o soledad sería el palo a escoger para expresar el sentimiento. Cada estilo rítmico o palo, tiene melodías típicas que son reconocibles. Para una exposición festiva, "fandangos", sería el apropiado. La dupla ritmos y melodías son formas establecidas dentro del arte, que pueden ser usadas en una ejecución para canalizar el alma interior, según el sentimiento que se expresará. Si alguien está deprimido debido a un corazón herido y siente profundo dolor y pesar, no hay nada más terapéutico que jugar, cantar, y/o bailar en el ritmo de "seguiriyas", "martinetas", o de nuevo la "solea". Si todos practicaran el arte del flamenco de alguna manera, no habría necesidad de psiquiatras en este mundo. El flamenco es una panacea para el corazón atribulado. Es también una forma de arte para disfrutar en fiestas y reuniones de todas clases.

Además de los músicos, cantantes y bailadores, también están aquellos que palmean la música y se les llama "palmeros" en español. Hay percusionistas entrenados que usan sus manos como instrumentos, mientras las palmean para mantener el ritmo durante la ejecución, siguiendo las reglas de perfecta regulación del tiempo. Están los custodios del tiempo. No debería haber golpes discordantes a través de la pieza, a menos que haya silencio; aun con disonancia y contaje del tiempo, debe seguirse las reglas de este arte. Los tonos o golpes aparentemente desorganizados, también deben seguir las reglas. Podemos decir que el flamenco es una forma de arte en desorden con orden. Todo tipo de emoción caótica puede ser expresada de manera constructiva a través del ritmo, siguiendo su ley.

Según el Dr. Master, "la mente rige el cuerpo y el cuerpo rige la mente, los dos interactúan, uno sobre el otro, como una unidad. La acción física y la actividad, por consiguiente, pueden introducirse como una forma para influir los patrones de energías de la mente" (Master Bachelor's Curriculum. Vol 2:13). El flamenco es una actividad física que involucra la mente. Es una disciplina estructurada de escape emocional y meditación. Sirve como medio para sincronizar dentro del ritmo y todos los sentidos, física y mentalmente.

Rudolf Steiner afirmó, "… toda la evolución procede del caos a la armonía, de la carencia de ritmo al ritmo (euritmia). El ritmo debe venir de los instintos" (440). La humanidad debe de sincronizar dentro del ritmo cósmico, el cual es el orden universal. Practicar flamenco es elaborar una forma constructiva de expresión mediante el orden, y es una manera positiva, utilizada para buscar la madurez emocional. Como el ritmo se siente instintivamente, aprendemos a controlar nuestras emociones, y con eso, alcanzamos auto dominio.

Mediante el flamenco se pueden soltar las emociones profundas. Cuanto más control tenga el intérprete, más fácil será apreciar y sentir que estas emociones se canalizan y se transmiten a la audiencia. Cuanto más genuino es el intérprete, más fácil será experimentar propiamente el alma de una persona, completamente expresada en sí misma a través de este arte. Donde a un artista regular del flamenco se le puede apreciar al máximo, un excelente artista, o maestro de este arte, se dice que tiene "duende".

Tener duende es tener el poder de expresar el alma. Quien tiene duende es capaz de canalizar su alma, y manifestarla a través del canto flamenco, música o baile, y tener un impacto real en la audiencia porque es su autenticidad, su verdad. Como escribió el poeta Federico García Lorca, en su "Juego y Teoría del Duende":

"Los grandes artistas del sur de España, gitanos o flamencos, cantores, bailadores, músicos, saben que la emoción es imposible sin el arribo del duende. Ellos podrían burlar a la gente haciéndoles creer que pueden comunicar el sentido del duende sin poseerlo, como los autores, pintores, y los creadores de moda literaria nos engañan cada día, sin poseer duende: aunque solo tenemos que atenderlo un poco más, y no con total indiferencia al descubrir el fraude y ahuyentar ese desmañado artificio". (*poetryintranslation.com*)

En una descripción adicional sobre el duende del flamenco, Lorca citó a Goethe cuando dijo que era una "misteriosa fuerza que todos sienten y ningún filósofo ha explicado". El gran filósofo, escritor y poeta Goethe, escribió esto después de asistir a una ejecución del violinista Niccolo Paganini, quien fue conocido como "el violinista del demonio" debido a la intensidad de las emociones que canalizaba desde sí mismo, y transmitida a la audiencia en sus ejecuciones por vía de su violín. Lorca diría que Paganini tenía duende, aun cuando el violinista no estaba ejecutando flamenco. Muchos de nosotros acuerdan afirmar que la música tiene el poder de influirnos; y, "… como un modo de expresión para la vida del alma, la música reina suprema" (Heindel. 1895).

Los gitanos crecieron en familias que enseñan el flamenco a sus niños como parte de sus tradiciones. Para ellos, la música flamenco y ritmo es una forma de vida, una filosofía: el baile gitano, tocar música instrumental, cantar y palmear regularmente, y a través de esta actividad canalizar la vida del alma. Sin embargo, hay un misterio fundamental dentro de su tradición. El ritmo flamenco no es como la música clásica o popular, aunque tiene algunas similitudes con la música india clásica, como antes mencioné, sus patrones rítmicos semejan numerología oculta. La estructura rítmica básica flamenca se basa en doce cuentas, donde 12 es el primer golpe fuerte del ciclo, en lugar del 1, como es la norma con otros tipos de ritmos. Así, los músicos que están aprendiendo flamenco a menudo se confunden. Ellos necesitan recordar constantemente que el ritmo flamenco justamente es como un "reloj" que empieza a latir a las 12.

Los gitanos son, generalmente, un orgulloso grupo de personas. Ellos llaman al flamenco la más grande de todas las artes. Los no gitanos que entienden el flamenco probablemente estén de acuerdo con esta declaración. Quienes aprueban este conocimiento saben cómo usarlo, aunque realmente no conozcan la clave de su perfecta constitución, ellos no saben a quién se le ocurrió eso. Así como los judíos lo han hecho por siglos, como parte de su tradición, los gitanos se casan solo con los de su propia raza, mayormente con miembros de su propia familia. Esta es otra razón por la que su cultura y tradiciones se han mantenido intactas y puras de influencias extrañas. Esas tradiciones contienen gran sabiduría. Sus hacedores originales sabían que a menos que estuvieran resguardados, este conocimiento, su sabiduría, se habría perdido. Ambos grupos, los nómadas romaníes o gitanos, y los judíos, han vagado por siglos alrededor del mundo, buscando lugares donde establecerse. Ambos grupos han sido perseguidos y forzados a vivir en guetos; y ambos grupos han sido seguros guardianes de tradiciones contentivas de prácticas ocultas y mensajes. Los judíos mantienen la cábala y los gitanos son conocidos por su habilidad al utilizar el paquete de cartas, el Tarot, en cuyo contenido está el conocimiento cabalístico. La cábala y las cartas del tarot son asociadas también con la Astrología.

El Tarot

Al igual que el flamenco, algo similar sucede con el Tarot. Aunque los gitanos no saben cuándo y cómo crearon las cartas del Tarot, ellos se volvieron famosos en el mundo, al utilizarlas como un modo de subsistencia, diciendo la fortuna. Esta es también otra tradición que han heredado y han enseñado a sus descendientes desde tiempos desconocidos. Los gitanos están generalmente asociados a las cartas del Tarot, a pesar de que ignoran lo que ellas son realmente, la sabiduría sintetizada de la edad dorada.

"Los gitanos poseen una Biblia, la cual les ha probado sus medios de ganar un sustento, porque los ha capacitado para decir las fortunas; a la vez, ha sido una fuente perpetua de entretenimiento que les ha permitido jugar. Sí, el juego de cartas llamado el Tarot, que los gitanos poseen. Es la Biblia de las Biblias". (Papus. 9-10).

El Tarot, en realidad no puede predecir nuestro futuro, en vista de que nuestro futuro está sujeto a nuestras escogencias; y, tales escogencias determinan nuestro futuro. El Tarot, no obstante, es una herramienta antigua que puede ser utilizada para ayudarnos a hacer mejores escogencias y predicciones, debido a que, como es el caso de la Astrología, trata con los patrones de energías. La exactitud de las predicciones dependerá del conocimiento e intuición de la persona al interpretar los mensajes de las cartas. Las predicciones pueden ser muy puntuales en relación a que los seres humanos generalmente tienden a reaccionar de acuerdo con su ego hacia las influencias de las fuerzas que intervienen en sus vidas. Sin embargo, las personas preferirían creer que esas cartas pueden decirle exactamente cuál será su futuro, en lugar de aprender la verdad respecto a esas cartas y sobre ellos mismos. Aquellos que obtienen dinero y poder con la ignorancia de otros continuaran alimentando la equivocación motivada ante el uso de las cartas del Tarot para decir la fortuna; que es lo que ellos realmente hacen. La gente usualmente son atraídos por la intriga y el misterio, y esas cartas definitivamente son intrigantes y misteriosas. Sin embargo, ciertos letrados, a través de los años, las han estado observando. Al estudiar las cartas del Tarot, han encontrado analogías numerológicas y significados asociados con el alfabeto hebreo, con el árbol de la vida y con la Astrología. Muchos de esos intelectuales creen que el Tarot realmente es un libro oculto que revela el conocimiento de civilizaciones antiguas.

En la cábala, al Tarot se le llama el árbol de la vida y la verdad. Algunos van tan lejos como Papus para decir, que el Tarot en manos del pueblo nómada gitano, es realmente el libro perdido de Toth, conocido como Hermes Trismegistus. "Es el libro de Thoth Hermes Trismegistus, el libro de Adam, el libro de la Revelación primitiva de civilizaciones antiguas". (Papus. 10.) También en el prefacio de *El Tarot de los Bohemios* Papus dice:

"El paquete de cartas del Tarot, transmitida por los gitanos de generación a generación, es el libro primitivo de iniciación antigua. Esto ha sido claramente demostrado por Guillaume Postel, Court de Gebelin, Etteila, Eliphas Levi, y J. A. Vaillat" (2).

De acuerdo con Manly P. Hall:

Una curiosa leyenda relata que después de la destrucción del Serapeum de Alejandría, un gran grupo de sacerdotes servidores se ataron juntos, ellos mismos, para preservar los secretos de los ritos de Serapis. Sus descendientes (gitanos) llevaron con ellos el más preciado de los volúmenes salvados del incendio de la biblioteca –el libro de Enoch o Thoth (El Tarot)-, se volvieron errantes sobre la faz de la tierra, permaneciendo como un pueblo aparte, con un lenguaje antiguo y una naturalidad de magia y misterio. Court de Gebelin creía que la palabra Tarot en sí misma, venía de dos palabras egipcias, Tar, significando "camino" y Ro, significando "real". Así el Tarot constituye el camino real hacia la sabiduría (Hall. 8908).

Se sabe que Sir Francis Bacon usó el simbolismo del Tarot al idear su método de taquigrafía para ocultar mensajes secretos conocidos como las cifras de Bacon. Los números 21, 56 y 78, relacionados con las divisiones de las cartas del Tarot, frecuentemente fueron utilizados en sus criptogramas.

El Tarot es el libro secreto que los rosacruces alegan haber descubierto, un libro contentivo del conocimiento total de todas las partes y miembros del universo.

"El Tarot es indudablemente un elemento vital en el simbolismo rosacruz, posiblemente el mismo libro del conocimiento universal que los miembros de la orden demandan poseer. La Rota Mundi es un término que frecuentemente se encuentra en los primeros manifiestos de la Fraternidad de la Rosa Cruz. La palabra Rota por un re-arreglo de sus letras, se vuelve Taro, el antiguo nombre de esas misteriosas cartas" (Hall. 8919).

Las cartas del Tarot contienen mensajes dentro de sus imágenes y números, en correspondencia con todas las cosas en la naturaleza, incluso la analogía de todos los órganos del cuerpo humano: "Son de hecho la llave hacia la constitución mágica del hombre" (Hall.8930)-

Eliphas Levi, conocido como un maestro de la tradicional interpretación rosacruz de la cábala, afirmó que el Tarot está hecho de oráculos conteniendo el conocimiento universal, que son los misterios de la humanidad.

Levi escribió en su libro *Dogma et Rituel*:

De todos los oráculos, el Tarot es el más sorprendente en sus respuestas... El Tarot fue el único libro de la magia antigua; es la Biblia primitiva... y los antiguos la consultaban como los primeros cristianos, en fecha posterior, consultaron las sagradas escrituras, que son versos de la Biblia, seleccionados al azar y determinados al pensar un número (128).

Según Levi, los misterios dentro del Tarot son los mismos dentro del santuario de los viejos templos judíos. Estos misterios tuvieron que ocultarse para para ser protegidos después de la destrucción del templo de Salomón.

"Cuando el soberano sacerdocio cesó en Israel; cuando todos los oráculos fueron silenciados en la presencia de la Palabra hecha hombre... cuando se perdió el arca, el santuario profanado y el templo destruido; los misterios..., ya no remontados en oro y piedras preciosas, fueron escritos, más bien fundidos, por algún instruido cabalista sobre marfil, pergamino, cobre dorado y plateado, y finalmente, en simples cartas, que siempre fueron sospechosas para la iglesia oficial como encerrando una llave peligrosa por sus misterios. De ahí vinieron esos Tarots" (134).

Esto significa que el Tarot fue utilizado por los sacerdotes judíos hace siglos. Lo afirmó Levi y lo sugieren muchos otros textos, que esas cartas se originaron antes del tiempo de Moisés cuando los judíos estaban en Egipto y su origen data desde una civilización perdida; ellas son antiguas.

El controversial pedazo de tela, conocido como el Efod, mencionado en la Biblia fue un cuadro "mágico" de doce números y doce palabras gravadas en piedras preciosas. Este escrito se dice controversial porque aunque la palabra Efod está generalmente asociada con un vestido sacerdotal, se cree que inicialmente, fue en realidad un instrumento, quizás una tabla llevada por los sacerdotes y utilizada en el templo y en el arca, para consultar oráculos o arquetipos representados por cada palabra y número, sobre cada asunto por cuya inmediata respuesta se necesitaba.

"En consecuencia, cuando loa altos sacerdotes deseaban consultar el oráculo, él dibujó por porción, el Terafim o tablas de oro que lleva las imágenes de las cuatro palabras sagradas, y las colocó de tres en tres alrededor del racional o Efod; Esto es, entre las dos piedras de onixs que servían como broches a las pequeñas cadenas del Efod" (Levi.133).

Tengamos en cuenta que todas las palabras hebreas que finalizan en "im" son plurales, tal como Helohim, que significa dioses. El significado de la palabra Terafim en el diccionario es ídolos o imágenes reverenciados por los antiguos hebreos y congéneres. "Las prendas y ornamentaciones supuestamente usadas por los dioses también son claves, ya que en los misterios la vestimenta se consideraba como sinónimo de forma" (Hall. 5111).

El Tarot es la clave universal para los misterios de las edades, un libro de arquetipos y números donde no se necesitan palabras porque cada imagen transmite no solo un mensaje sino un número de mensajes, que a través de las edades y siguiendo el declinar de la humanidad desde una edad dorada, escondiendo esos conocimientos ha sido la forma de preservarlos. Las claves de los misterios fueron escondidos de una gente ignorante para el beneficio de futuras generaciones; aquellos quienes los buscarían para la verdad, respetarlos y desarrollar sus sentidos internos.

Números Pitagóricos

Para empezar el lenguaje de los misterios, debemos conseguir familiarizarnos con el uso de la regla de reducción de la numerología de Pitágoras, la cual establece que todos los números mayores pueden reducirse a un número del 1 al 9. Pitágoras se refirió a estos números, como los números básicos y sagrados de la creación. Para explicar este sistema tomamos los dígitos de una numeración alta y sumamos los números para luego reducirlos a un número básico, tomemos un par de alta numeración: 144.000, cuando sumamos sus dígitos 1+4+4+0+0+0, el resultado es 9; y el 666, la suma de sus dígitos es 18, que también puede ser reducido a 9 al sumar sus dígitos, 1+8.

Por añadidura, también deberíamos conocer respecto a la naturaleza o cualidad de esos números sagrados, según el anterior Imperator de la Orden Rosacruz, Ralph M. Lewis,

"Pitágoras también asignó cualidades morales a los números. Esos significados no fueron entendidos por los no iniciados, y los tomaron literalmente o sin mayores calificaciones, a menudo parecían risibles. Que los pitagóricos tuvieron un significado más extenso y brillante es conocido solo conocido para aquellas escuelas de esoterismo como los Rosacruces, quienes son afiliados tradicionales de la antigua escuela pitagórica en Crotona...El dos representaba una opinión, Cuatro simbolizaba justicia y estabilidad, Cinco significaba matrimonio, debido a que estaba integrado por la unidad de lo impar y los números dos y tres. El Cinco también representaba la clave para las leyes del color. La esfera era la consumación, aquello sin principio ni fin" (Qtd. Phephs.18). Los pitagóricos contemplaron el universo como una esfera finita dentro de un vacío; en cuyo centro hay fuego. También sostenían que existe una Contra Tierra que no se puede ver a causa de que el lado de la Tierra donde vivimos está de espaldas al fuego central. "Después de la Contra Tierra vinieron los planetas en este orden: Tierra, Luna, Sol, Mercurio, Venus, Marte, Júpiter, Saturno, y la esfera de las estrellas fijas" (Phephs. 19) Estos, los planetas, incluyendo las luminarias, son las siete esferas que giran alrededor del fuego central. Este es el concepto que está detrás de *la Armonía de las Esferas* de Pitágoras, y su escala musical. Las enseñanzas pitagóricas incluyen también, música y armonía. Ellos observaron la correspondencia entre números en la armonía musical y el universo. (Phephs. 20).

Pitágoras inventó la escala diatónica, aun cuando no era músico. Comparó el firmamento con un instrumento donde cada uno de los planetas provee un tono musical diferente mientras se desplazan por el Eter en el universo, al moverse de acuerdo al ritmo universal. Este instrumento celestial lo interpreta la mente eterna; mientras nuestra mente interna toca con nuestro instrumento interno, el cerebro. "El cerebro solamente es el teclado del maravilloso instrumento sobre el cual el espíritu humano interpreta su sinfonía de la vida, justamente como el músico se expresa con su violín" (Heindel. 481.).

Según Heindel:

"Pitágoras no estaba fabulando cuando habló de la música de las esferas, porque cada una de las órbitas celestiales tiene su tono definido y juntos entonan la sinfonía celestial que Goethe menciona en el prólogo de su "Fausto", donde la escena se estableció en el cielo. El Arcángel Rafael dice que el Sol entona su antigua canción, canto medio rival de las esferas hermanas. Su curso prescrito, lo acelera a lo largo de un camino atronador a través de los años. Los ecos de esa música celestial nos alcanza hasta aquí en el Mundo Físico" (1771).

El universo es la manifestación física de lo que es en el mundo espiritual. Esta manifestación emana a través de la unidad original o mónada, la cual corresponde al número 1. Por esto, el número 10 represente el universo visible e invisible, como lo originó la mónada, 1, y el vacío, 0. Todos los números son representativos de la verdad universal. Ellos tienen profundos significados y están en todo, incluso la música que también corresponde a las imágenes, color y cualidades.

Aristóteles y Platón enseñaron cuáles piezas de música corresponden a las imágenes; y, cuáles ritmos y melodías proveen "… imitaciones de enojo y mansedumbre, también de coraje y temperancia, y de todas las cualidades contrarias a esas, y de las otras cualidades del carácter, que apenas se quedan cortos de los afectos reales, como sabemos de nuestra propia experiencia, porque al escuchar tales tensiones nuestras almas experimentan un cambio" (Sorbom. 37).

Los maestros griegos enseñaron que las figuras y los colores son signos de carácter. Son pistas que nos señalan cómo el cuerpo reacciona ante sus estados de sentimientos, emociones que experimentan, Por eso, en melodías, hay impresiones de carácter. Las tonalidades y escalas musicales difieren unas de otra; ellas influyen distintamente en el cuerpo humano. Este concepto también aplica al ritmo. Algunas tienen un carácter de tranquilidad, otras son energéticas y otras son agitadas y perturban. Platón previno a sus estudiantes respecto a los sonidos oscuros del modo Frigio, una escala con diferentes tonalidades, en razón de sus características de influencia se comportan de manera negativa si no se interpreta correctamente. Los griegos estaban muy preocupados con los ruidos de las notas utilizadas para crear melodías, debido a su poder de afectar la psiquis humana, Si el modo frigio conducía hacia una sobria contemplación, no sería correcto tocar un tono frigio rápidamente con notas staccato, por ejemplo; esto atraería sentimientos inquietos. "El modo frigio, de hecho, es el modo más común en la tradicional... música flamenca y es utilizada como soleá, más bulerías, siguiriyas, tangos y tientos, y otros palos" (Lorenz). Es comprensible cuidarse del poder que la música tiene para afectar nuestros sentidos en relación a cualquier cosa,"... por lo que depende de la naturaleza que nosotros mismos creamos" (Heindel. 703.).

La cantante Gloria Stephan dijo en la Ceremonia de Entrega de Premios "Heritage" de Florida que la música es matemática emocional; no muchos de los que piensan al respecto pueden disentir de esta declaración. Intervalos, tonos y golpes dependen de los números que le dan estructura a la música; y, la estructura sirve para formar las emociones y dejarlas correr sin control. En consecuencia, la música corresponde con los números. Esto es por lo que los pitagóricos alegan que la aritmética es lo primario y fundamental, es la madre de todas las ciencias matemáticas, debido a que la astronomía, la geometría y la música, dependen de ella. "Pitágoras explica que el número es extensión y energía de las razones espermáticas contenidas en la mónada. Los seguidores de Hípaso declararon que el número es el primer modelo usado por los Demiurgos en la formación del universo" (Textos sagrados). Del vacío viene el uno, y del uno proceden todos los otros números.

"La teoría de los números fue fundamental para las enseñanzas de la Comunidad de los Pitagóricos en Crotona. Según sus ideas, el número es la esencia del universo creado. El número es el ser. El cosmos fue creado y ordenado de acuerdo con lo divino, el plan o modelo ideal. El número es lo básico en la naturaleza del patrón divino y su manifestación en el mundo real. Debido a que es la base de la creación, es igualmente la naturaleza fundamental de la ley de las correspondencias. Número, creación, cosmología y música; todos se relacionan" (Phephs.16).

Es mediante el sistema pitagórico cómo podemos entender los conceptos más profundos dentro del significado de los números, igualmente su correspondencia con las letras, ya que se les asignaron valores numéricos a las letras de los alfabetos hebreo y griego. Hay un sistema para calcular los valores numéricos para el alfabeto inglés. Esta escritora lo ha utilizado y lo encuentra muy preciso cuando lo asocia con el zodíaco, así como al simbolismo numérico masónico; sin embargo, este sistema se disputa porque no hay una clara conexión entre las letras inglesa y las antiguas letras hebreas o griegas.

Volviendo al Tarot

Todos los conceptos pitagóricos de números que incluyen música, geometría y astrología, están contenidos dentro de las cartas del Tarot. A primera vista, estas cartas contienen números e imágenes. Al utilizar la ley de la correspondencia en los números pitagóricos y el árbol de la vida de la cábala, basados en la Biblia, se revela la sabiduría antigua, mientras reconocemos que los números y figuras representan oráculos o arquetipos.

Hay 78 cartas en el paquete de Tarot, dividido en dos partes conocidas como los arcanos Mayores, de 22 cartas; y, los Arcanos menores de 56 cartas. La palabra Arcanos significa secretos o misterios.

Las cartas en los arcanos Mayores contienen caracteres y números expresados en un jeroglífico y alfabeto numérico que representa una serie de ideas universales y absolutas. Esas 22 cartas, también llamadas "triunfos", están asociadas con las 22 letras del Alfabeto Hebreo, debido a que el número de cartas y letras son iguales. Sin embargo, el reto principal aparece al comparar las cartas, calcular el lugar de la carta 0, ya que la primera carta del Alfabeto Hebreo es el Aleph, cuyo número es 1. ¿Dónde iría el 0?

Estas 22 cartas también han sido asociadas con acontecimientos del Libro de la Revelación de San Juan, el cual está dividido en 22 capítulos. En referencia a la genética del cuerpo humano, eso 22 capítulos han sido correlacionados con los 22 cromosomas autosómicos en el ADN humano. Los 22 cromosomas autosómicos más un cromosoma extra, que determina el sexo de la persona, suman 23. Los dos cromosomas sexuales, X e Y, no solo determinan el sexo de los individuos, sino que también llevan los genes de varias características sexuales mixtas. 23 cromosomas de los padres masculinos, añadidos a los 23 cromosomas de los padres femeninos, suman 46 cromosomas en total. "Los humanos tienen un total de 46 cromosomas. Los cromosomas sexuales se refieren a los cromosomas X e Y, y su combinación determina el sexo de la persona" (Szalay). Usando la regla de reducción pitagórica, 4+6=10. El número 10 es el número relacionado con todas las cosas del universo, el número sagrado de los pitagóricos; y el número de las emanaciones o atributos, "Séfirot" en hebreo, del árbol de la vida en la cábala.

De acuerdo con Oscar Wirth, escribe Mary K. Greer en la introducción de una edición posterior de *El Tarot de los Magos*, la construcción del Tarot está revelada primero por las 22 cartas, los Arcanos Mayores, cuando se colocan en un círculo dividido en dos hileras. La primera hilera de cartas, de 1 al 11, se dice que es para expresar lo activo, principio masculino. La segunda hilera, cartas de la 12 a la 21 y el 0, expresan lo pasivo, principio femenino, "receptivo y susceptible a las fuerzas cósmicas que nos rodean". (XIII).

Como podemos ver en la figura 1, a la carta 0 se le llama "El loco" ("El Tonto). La figura es de un hombre con un alijo sobre sus hombros, como si estuviera en un viaje. Según Manly P. Hall, "... la carta cero representa el Poder Eterno del cual los 21 aspectos circundantes o que se manifiestan son expresiones limitadas" (8978).

Esta escritora percibe la carta 0 como neutral, pendiente de nuestras acciones y reacciones. Wirth considera al 0 como pasivo, ya que puede ser activo o pasivo según su disposición y manera como se puede influir lo neutral. El 0 representa la potencialidad del hombre, tal como viene a la tierra. Representa a cada uno de nosotros, porque todos somos algo loco en algún punto de nuestras vidas. Conforme hacemos nuestras escogencias de vida ejercitando nuestra voluntad, no movemos hacia el estancamiento – también hay regresión o devolución.

El Loco representa cómo vinimos a este mundo. Venimos con no mucho en nuestros equipajes, sino el poder del alma que hemos reunido a través de viajes anteriores en la vida. Estamos muy desnudos ya que estamos sumergidos en un cuerpo material sin memoria del pasado; temporalmente ignorante de lo que la vida nos reserva. Estamos embarcados en un viaje para aprender. Por eso, El Loco "… está por entrar en la suprema aventura –aquel del pasaje a través de las puertas de la Divina Sabiduría" (Hall. 8992).

Figura 1. El loco, del paquete de Tarot Rider-Wait

No existe un conocimiento en concreto del origen del día del tonto de abril (día de los inocentes). Nadie parece saber quién se presente con él o por qué. Este día, el día del loco de abril, se celebra en muchos países el 1ro de abril, bajo el signo zodiacal Aries. Esta colocación de la tarjeta 0, "El Loco", justo antes del 1 parece apropiada porque 0 manifiesta el vacío, las aguas de la madre representada por el signo de Piscis, y se vuelve 1. La carta 0 o la nada, viene desde un mundo infinito a un mundo finito; y, gana número después de número mientras viaja a través de las estaciones de la vida. El hombre empieza su viaje cuando nace, este momento se asocia con el primer signo del zodíaco, cuando el hombre inicia su ciclo en esta tierra; él es "bienvenido a la jungla", el viaje de la vida.

Desde el principio, el hombre viaja de lugar a lugar como hacen los gitanos, ciclo con ciclo, aprendiendo, sembrando, cosechando y creciendo. "El se vuelve amo o esclavo de su escogencia" (Lewis. 85). Cuando un hombre entra en un ciclo nuevo, una nueva vida en esta cruz de la materia, sufre, aprende, y se mueve en otros ciclos, ya que toda vida y toda la existencia dentro del universo tiene su expresión en ciclos, "la periodicidad de la que es equivalente al ritmo de cierta medida y recurrencias armoniosas de énfasis o impulsos de una naturaleza cósmica… encontramos que el hombre está continua y constantemente afectado por oportunas tentaciones para actuar o pensar… el hombre debe sostener su decisión y asumir la responsabilidad" (Lewis.149). Dentro de esta cita, hay un importante vínculo entre los ciclos, ritmos y propósitos de vida del hombre.

El Tarot contiene profundas verdades matemáticas, la sabiduría de las edades. El Loco somos todos y cada uno de nosotros, mientras empezamos nuestro viaje de la vida sincronizando dentro del ritmo cósmico, más y más, según aprendemos las lecciones en ciclos de días, meses y años, y vida después de la vida. Mientras aprendemos debemos comprender que somos responsables de nuestras propias acciones; y que, "todo en el mundo está sujeto a leyes, abarca incluso, nuestra evolución. Las progresiones espirituales y físicas van mano a mano" (Heindel. 7623).

Además de la carta 0, El Loco, el resto de las cartas, 21 de ellas (3X7), representan los aspectos, las manifestaciones de las expresiones del hombre a través de las fases, las estaciones de su viaje en la vida. Mientras él supera sus limitaciones, su más baja naturaleza, él trasciende y se mueve en un nuevo ciclo y en un plano más alto de existencia. Esta escritora no comentará sobre los significados individuales de las cartas; sin embargo, siguiente está una lista del resto de los triunfos, las 21 cartas de los Arcanos Mayores de las barajas del Tarot. Cada número se muestra en numeral romano y representa oráculos.

La carta I es El Mago o El Embaucador, II es la Papisa, III La Emperatriz, IV El Emperador, V El Papa, VI Los Enamorados, VII El Carro, VIII La Justicia, IX El Ermitaño, X La Rueda de la Fortuna, XI La Fuerza, XII El Colgado, XIII La Muerte, XIV La Templanza, XV El Diablo, XVI La Torre, XVII La Estrella, XVIII La Luna, XIX El Sol, XX La Justicia y XXI El Mundo. Platón enseño que el alma estaba dividida en tres: El Alma del Deseo o cuerpo emocional, que solo busca gratificar sus necesidades físicas, el Alma de la Voluntad, que busca honor antes que la gratificación sensual, y el Alma de la Razón, que solo se combina con el corazón y es capaz de percibir una realidad superior. Según esto, las cartas de triunfo del I al VII reflejan el Alma del Deseo; las cartas desde la VIII a la XIV, reflejan el Alma de la Voluntad; y, las cartas desde la XV hasta la XXI, reflejan el Alma de la razón. Las cartas, desde la I a la V, nos dice de los poderes del mundo físico, empezando con El Mago, que representa al prestidigitador o embaucador. La carta VI, Los Amantes, que superan los poderes mundanos cuando las elecciones se hacen para representar la virtud. En El Carro, la carta VII y La Justicia, la carta VIII, el Alma de la Voluntad toma el control para buscar la sabiduría en un más alto nivel de conciencia. Otra vez, La Justicia y las cartas hasta la XIV, nos muestran que además de la virtud y el honor, hay más para vivir; y, que logrando este nivel no nos hace inmune a las experiencias de pérdidas, aflicción y el aprendizaje de nuevas lecciones. Es mediante los vaivenes de la Rueda de la Fortuna, la carta X, que aprendemos a desarrollar las cualidades de La justicia, Fuerza y Templanza. La carta XV, El Diablo, hasta la XXI, nos muestra que mediante la gratificación de los bajos deseos o buscando los honores mundanos, no conseguiremos la meta real. La carta de La Torre, XVII, nos muestra que la divina gracia intervendrá para darnos libertad sobre las otras dos almas, a quienes se les ven caer en la cara de esta carta. La carta que sigue son La Estrella, La Luna y el Sol. Estas tres cartas nos hablan de buscar la verdad, el amor y la fuente primaria de la luz interna. En la carta de La Justicia, la carta XX, la muerte es derrotada y no hay más tiempo. Finalmente, la carta XXI, "El Mundo", representa la libertad desde nuestra más baja naturaleza; esta carta 21, nos recuerda que 2+1=3, el producto.

En la figura 2 está el árbol de la vida de teachmetarot.com. A la derecha está la carta 0, El Loco, descendiendo desde la primera emanación, conocida como "Kether", cuyo significado es "la corona". El Loco es el viajero del espacio, el que va a trascender el ciclo material y obtener auto maestría en el mundo físico. El Loco vive su propio mundo, un Microcosmo. Sus atributos, que influyen en sus escogencias, están representados por la 10 primeras cartas de los Arcanos mayores. El Macrocosmo está representado por las siguientes 11 cartas, las que van del 11 al 21. Tal como mencioné, cada una de las 21 cartas del Arcano Mayor representa alternativas, lecciones y escenarios en la vida de los hombres.

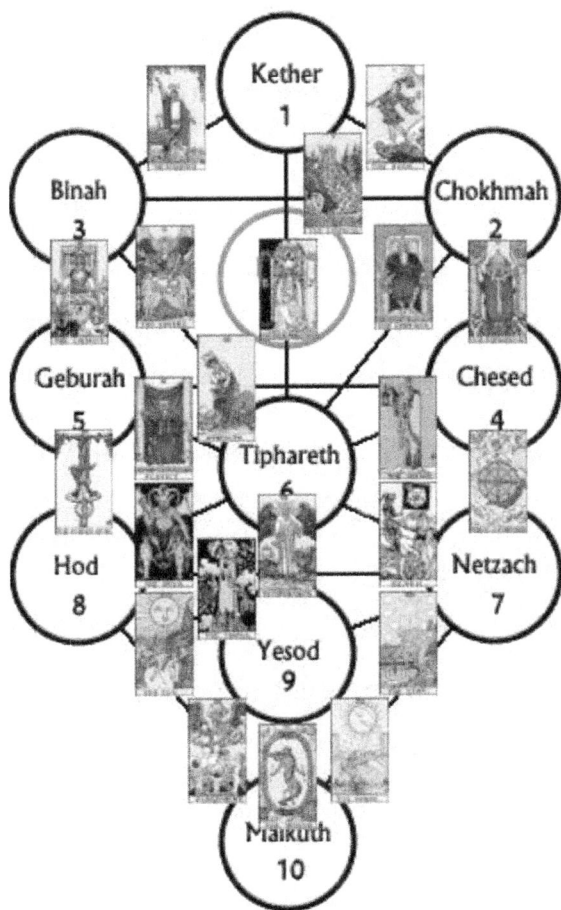

Figura 2. El Arbol de la Vida y el Tarot de Teachmetarot.com

En la carta 21, El Mundo, el mensaje es que podemos obtener libertad personal desde la tiranía de nuestros deseos naturales, "... y desde la futilidad de ejercer nuestra voluntad, aun cuando la rueda de los eventos gire fuera de nuestro control (el Alma de la Voluntad). Al desarrollarnos nosotros mismos para que finalmente podamos percibir y reconocer una inteligencia divina... hemos conquistado incluso, el tiempo y la muerte" (Bursten, 6).

El número tres, el producto de sumar los dígitos de la carta 21, corresponde a la armonía del triángulo. El número 3 es El Hijo, el resultado de la unión de los arquetipos de 1, El Padre y 2, La Madre. El número tres, eventualmente trascenderá al siguiente ciclo. Permítanme señalar aquí que la letra veintiuno del Alfabeto Griego es Phi.

"Phi, 1,618... tiene dos propiedades que la hacen única entre todos los números. Si doblas phi, consigues un número exacto y mayor que sí mismo: 2,618..., o $\Phi^2 = \Phi + 1$. Si divides Phi entre 1 obtienes su recíproco, obtienes exactamente un número menor que 1: 0,618... o $1 / \Phi = \Phi - 1$" (Meisner Mathematics).

Phi es el resultado de lo que se conoce, como en una ecuación cuadrática, donde hay un factor desconocido.

"Una ecuación cuadrática es una ecuación de segundo grado, lo que significa que contiene al menos un término que es cuadrado. La forma estándar es $ax^2 + bx + c = 0$ con a,b y c, siendo constantes o coeficientes numéricos, y X es una variable desconocida. Una regla absoluta es que la primera constante 'a' no puede ser un cero" (Your Dictionary). Esto significa que si tenemos conocimiento de todos los factores menos uno, podemos deducir el desconocido. Todo lo que necesitamos es conocer los factores vistos; estos revelarán el factor desconocido, como en la naturaleza, el mundo de los efectos revela el mundo espiritual, el mundo de las causas.

"El mensaje de las escrituras de todas las principales religiones monoteístas es que Dios es Uno, quien creó al universo de la nada, dividiendo la nada en fuerzas y elementos compensadores. Hoy entendemos que el universo está integrado por partículas atómicas, negativas y positivas, y partículas y cargas subatómicas, materia y antimateria, todo viene de una singularidad que nosotros denominamos el 'Big-Bang'. Curiosamente la constante matemática de 1,618… que se encuentra a través de toda la creación, está representada por el número Phi, cuyo símbolo es '0' para la nada dividida en dos por el símbolo 1 para la unidad y el uno" (Meisner. Theology).

Según Meisner, "Lo que hace a PHI aún más inusual es que se puede derivar de muchas maneras y se muestra en las relaciones en todo el universo". Lo aparentemente "desconocido" puede ser conocido usando phi, el cual está dentro del espacio Infinito conocido como vacío, y uno, entre un ciclo y el siguiente en una progresión. Al Phi también se le conoce como La Sección Dorada, y puede ser utilizada para entender la relación de Dios con la Creación. En la sección dorada, solo hay una forma de dividir una línea, tal que sus partes están en proporción con el todo. Al dividir la totalidad en tres, se preserva la relación del todo. Meisner dice: "... y así es con nuestra comprensión de Dios, que somos creados a Su imagen; no por división del todo, sino que solo tri-dividiendo el todo, hace que cada parte retenga su relación original con el todo. Solo aquí vemos tres que son dos que son uno". Esto da luz a lo que dice el libro de Juan, "en el comienzo era la Palabra, y la Palabra estaba con Dios, y la Palabra era Dios" (John. 1:01).

Este concepto también lo enseñó Jesús cuando dijo, "quien me ha visto ha visto al padre" (Juan. 14:09). En esta declaración se ha presentado la siguiente idea: Jesús, el hijo del Hombre, es para el divino Jesús (el hijo de Dios), como el divino Jesús (el hijo de Dios) es para Dios (el Padre). El Hombre es tres en uno, y uno en tres. Lo que todo esto significa es que cuando "El Loco" alcanza el número 21, el cual es 2+1=3, él llega a ser el caballero en el Tarot, el producto. Mediante la acumulación de conocimientos que solo la experiencia puede dar, él puede adquirir los atributos que lo equiparía para moverse en dominios mayores. El, con esperanzas, aprende las lecciones de la vida y evoluciona. El número 4 representa la transición. Un nuevo número 1 en un nuevo ciclo o vida.

El Arcano Menor en el Tarot, es, sin duda, menos significativo y puede correlacionarse con el árbol de la vida en la Cábala. Esta parte del Tarot comprende 56 cartas. Los puntos son las cartas numeradas con el 1, o As, de diez; estos representan acción, ideas, y sentimientos que experimentamos en la vida diaria. Las Cortes son 4 ordenados como Rey, Reina, Caballero y Sota (Paje); estos representan modelos de comportamientos humanos, y están relacionados con los números del 1 al 4. El Rey impone nuestra voluntad, La Reina es nutrimento, ánimos, calma, y utiliza la persuasión en lugar de imposición; El Caballero es determinación; y, La Sota es en cuanto a aprender y trascender en nuevos ciclos. Finalmente, el Juego son cuatro series, cada una con una característica; Bastos, Copas, Espadas y Oros (monedas). Estas han sido asociadas con los elementos de Fuego, agua, aire y tierra; y los cuatro querubines o los "contrastes" de los puntos cardinales –este, sur, oeste y norte. El Juego representa áreas de la experiencia humana. Los Bastos son energía creativa, las copas representan las emociones y todo tipo de relaciones. Las Espadas representan los obstáculos, límites o la demarcación de territorio; y, el oro (moneda) representa comodidad material.

56 es 7X8. Solo tenemos que observar los números en los ciclos universales para comprender que ellos operan dentro de la Ley Septenaria. "... El número siete, compuesto de 3 y 4, es el factor elemento en cada religión antigua, debido a que es el factor elemento en la naturaleza" (Blavatsky. 23164). El triángulo y el cuaternario, símbolos considerados sagrados por los pitagóricos y reverenciado en la Francmasonería, son el cubo perfecto, 3+4=7. Estos ciclos, representados en los arcanos Menores se miden en 7X8; ocho representa el número del infinito, la octava nota en la escala musical, donde el número 8 es el octavo del 1 en un dominio superior. En música, la octava es la repetición de la primera clave, A, en un tono más alto. Tengan en mente que 8 es 2X4, 4 es la secuencia más corta o ciclo. Dos secuencias de 4 representan un ciclo activo y un pasivo de cuatro números cada uno, donde el número 4 es la repetición de uno; y, el número 8 también es una repetición de 1.

"Toda energía en el universo, de cualquier naturaleza, tiene sin embargo una sola fuente, pero en sus emanaciones y radiaciones se llega a dividir en varias fases de ondulaciones que los Rosacruces han llamado vibraciones. Las ondulaciones tienen cierta periodicidad o períodos de manifestaciones cinéticas y estáticas... las vibraciones pueden dividirse dentro de una gran cantidad de octavas de manifestación, y cada octava puede ser dividida dentro de muchas distintas formas de manifestación en ambos mundos, el espiritual y el material" (Lewis. 210).

La energía cósmica en clases variantes de vibración influye en el movimiento rítmico de todo en el universo. Si el movimiento no existiera, no podríamos sentir nada. Lo que nuestros sentidos físicos perciben, todos son vibraciones. Hasta la materia tosca vibra; es un efecto de movimiento en los electrones dentro de los átomos.

H. Spencer Lewis afirmó que el tiempo en sí mismo es una relación artificial entre el movimiento y nuestra conciencia y aprehensión, y que todas las cosas en la vida se mueven con ritmo. Por eso, el ritmo normal y natural para todas las cosas en un ciclo, es aquel en armonía con el ritmo cósmico. Cuando hay desarmonía en ritmo, hay destrucción, frustración y calcificación, porque hay un bloqueo, no "fluye". Todo lo que está bloqueado está contra la armonía universal. "Es estando en ritmo con el cosmos o en tono con el infinito, que el hombre puede mantener su salud y sus asuntos progresando al más alto grado, y manifestando abundantemente en salud, felicidad, prosperidad y paz" (Lewis. 269).

Una cita famosa de Goethe es que al principio de la creación, Dios geometrizó. A Dios se le conoce como el Gran Arquitecto y Matemático; este gran diseño se va revelando lentamente al hombre, mientras descubre las progresiones matemáticas, la naturaleza de los ciclos, y todas las cosas, incluso todos los acontecimientos en la vida humana. Somos como los gitanos en diferentes escenarios de todo el cuadro cósmico; y, nunca podríamos descubrir por eones de tiempo, todo el diseño, o entender cómo es y qué es. Como los gitanos que no saben cómo fue creado el Flamenco o las cartas del Tarot, pero pueden utilizar esos instrumentos y observar los efectos, nosotros podemos observar los efectos de esas progresiones, aún en nuestras vidas, y aprender a hacer lo mejor fuera de cada ciclo, de cada vida. Estas progresiones de todo lo que pasa son expresadas en números, en el ritmo flamenco y en las cartas del Tarot, como lo enseñaron los videntes de todos los tiempos. Para todo hay un comienzo y una progresión dentro de un fin; lo cual no es un final realmente, sino un nuevo comienzo, donde el ciclo más corto está representado por los primeros cuatro números.

Ciclos y Secuencias

En todos los ciclos hay un punto de inicio, una cúspide en su madurez o culminación, y un descenso hasta el último punto en la progresión. Podemos ver esta secuencia de progresión en las fases de la luna, y en el crecimiento y declinación del cuerpo físico del hombre y todos los organismos en la tierra; también en lo psíquico y conciencia de todas las cosas. Hay ciclos de expansión y contracción en estados progresivos. Cada período de progresión sigue a las leyes universales. Una de esas leyes es la Ley de la Polaridad; los ciclos de día y noche, activo y pasivo, y los períodos masculino y femenino también pueden ser medidos en números.

Por ejemplo, en la secuencia de 7 números, letras, golpes, días, influencias planetarias, 3.5 es la parte activa o masculina de la secuencia and 3.5 es la parte pasiva o femenina. En la secuencia corta en números, 1 a 4, 1 representa el comienzo, 2 es la afinidad o lo opuesto de 1, y 3 es la combinación de los primeros dos números, el 1 y el 2. Cuatro es el final de la transición; y, como antes dicho, también es un nuevo 1 o inicio en un nuevo ciclo.

En la Tetraktys pitagórica, los primeros cuatro números son símbolos del Cosmos. 1 es la Mónada, la manifestación de 0 a través del 1. 2 es la Díada, el matrimonio, lo femenino, el 3 la Tríada o armonía y el 4 es la Tetrada o Cosmos. Estos números (1+2+3+4) suman hasta diez y representan los elementos. "La Tetrada es estimada en la Cábala como lo fue por Pitágoras, lo más perfecto, mejor dicho, el número sagrado ya que emana del 1, la primera Unidad manifiesta, o más bien, el árbol en uno" (Blavatsky. 23182).

Los pitagóricos reverenciaron el Tetraktis, algunas veces le llamaron la "Tetrada Mística", e incluso tuvieron una oración para ella:

"¡Bendícenos, divino número, tú, quien creó dioses y hombres! O sagrada, sagrada Tetraktis, ¡tú que contienes la raíz y fuente de la creación eternamente fluyente! Porque el divino número comienza con la unidad profunda y pura hasta llegar al sagrado cuatro; entonces procrea la madre de todos, quien todo lo comprende, que todo lo abarca, el primogénito, el que nunca se desvía, el incansable sagrado diez, el que tiene la llave de todo" (Wikipedia).

Los rituales pitagóricos de iniciación requerían que los candidatos hicieran un juramento ante la Tetraktis, que ellos mantendrían en secreto; luego, tenían que hacer actos de servicios en silencio por un período de tres años como novicios.

"Para Pitágoras, el número era 'la clave del universo'. Si aprendemos el número y proporción de toda la realidad, conocemos el secreto del universo... Pitágoras enseño que si el sol, la luna y las estrellas, realmente tienen ratas vibratorias correspondientes a octavas específicas en la escala universal, entonces cada una debe emitir vibraciones, justo como las cuerdas de la lira emiten sonidos. En otras palabras, si los planetas son vibratorios, ellos deben propagar ondas que se pueden distinguir, tales como cuando uno pulsa las cuerdas de un instrumento musical" (Frater, X.47).

Cuando estudiamos muy atentamente las cartas del Tarot, el Arbol de la Vida en la Cábala, y el Tetragrámaton, los cuales representan el nombre de Dios en hebreo, podemos notar que comparten el mismo concepto numérico de ciclos cortos del número 1 al 4, y ciclos más largos de progresión. Estos ciclos también están dentro de los ritmos flamencos.

El Tetragrámaton   El Tetragrámaton está hecho de las cuatros letras hebreas YOD-HE-VAU-HE. (pronúnciese yo, je,vo,je) Estas letras son consideradas sagradas, y su valor numérico es 10 para YOD, porque YOD es lo visto y no visto, 5 para HE, 6 para VAU y 5 para la segunda HE (que representa la transición hacia el próximo ciclo). Cuando sumamos esos números, el resultado es 26, y si sumamos estos dos dígitos, el número resultante es 8, o 2X4. Como mencionamos antes, 8 son las notas de la escala musical, este número representa el infinito o eternidad. Vamos a revisar otra vez, los números en el Tetragrámaton, 10 es la unión de 1 y 0, donde 0 es la nada y 1 es la manifestación de la mónada. 5 es el número del hombre, se dice que representa dualidad ya que este número al doblarse, es una vez más el sagrado número 10, el cual contiene el universo entero, el macrocosmos y el microcosmo. 6 es el vínculo entre arriba y abajo, el 6 dividido por 2 es 3; un triángulo representa el macrocosmos, otro triángulo representa el microcosmos. Además, el número 6 representa la armonía universal reflejada en el sello de Salomón, la Estrella de David. El segundo 5 en el Tetragrámaton representa la transición, el hombre que trasciende dentro de un ciclo más elevado. Igualmente, como antes dije, los ciclos son positivos y negativos, activos o inactivos. Con esta información en la mente, vamos a visualizar los números correspondientes al nombre sagrado y al árbol de la vida, con la ilustración en la figura 5.

Yod	1	4	7
He	2	5	8
Vau	3	6	9
He		10	

Figura 5. El Tetragrámaton y el Arbol de la vida.

Los dígitos de los números del 1 al 4 suman hasta el 10. También, si sumamos los dígitos de los números del 1 al 7, resulta 28. Estos dos números suman 10. Cuando sumamos todos los dígitos del 1 al 9, el resultado es el número 45, 4+5 es 9, así mismo, 9 es el número de la iniciación hacia los reinos más elevados. Este número representa los 9 escalones de la escalera de Jacob.

El número 9+1, el último paso, el 10. Podemos seguir y seguir sumando los dígitos en tres y ver que unos son reducidos a 1, todos ellos corresponderán al principio original, a la letra Y. Vea la primera línea de la ilustración de arriba, estos números pueden asociarse a las cartas del Tarot o de los Reyes, la 1ra o As, la 4ta y la 7ma de cada una de las cuatro series de los Arcanos Menores.

En la Cábala se dice que los números 1, 2, 3 y 4 son la emanación de la secuencia en el mundo divino, donde 4 es el número de transición que se convierte en uno en la siguiente emanación o ciclo. Recuerda que los dígitos del 1 al cuatro suman 10. La secuencia de 4, 5, 6 y 7, representa la evolución en el mundo humano, la transición pasiva donde el número 7 es el final de la secuencia y el principio de un nuevo uno. Tal como dije, los dígitos del 1 al 4 suman 10. La secuencia de 7,8,9 y 10 representa la evolución en el mundo material. Por otra parte, los dígitos del 1 al 9 suman 45=9, donde el candidato alcanza el grado de iniciación, más 1 es 10. La siguiente secuencia de 10, 11, 12, 13 representa el mundo espiritual. Si agregamos los números individuales desde el 1 hasta el 10, el resultado es 46, igual a 10. Si tomamos 10 más 2 por 11 (1+1), 3 por 12 (1+2) y 4 por 13 (1+3), el resultado es 19, que iguala un nuevo ciclo o segundo ciclo, o el número 2. Esta secuencia representa ciclos más largos de tiempo o golpes en la música. Los ciclos largos se componen de ciclos más cortos regidos por la Ley de Polaridad, donde hay principios activos y pasivos.

En El Tarot, los números 1, 4 y 7 están representados por los Reyes, el principio activo. 2, 5 y 8 son las Reinas, el principio pasivo. 3, 6 y 9 son los Caballeros, el resultado de lo activo y pasivo. El 10 (1+0) es la Sota que representa el final del ciclo de 3 triángulos y el inicio del ciclo espiritual que finaliza en 13 (1+3=4). Estos números también están en los signos del zodíaco y en las casas astrológicas. Ellos describen la manera en cómo se manifiesta la energía en el mundo físico. Los tres últimos números, del 10 al 12. La triada espiritual representa el último cuarto de la rueda del zodíaco. Son 90 grados, las casas de zodíaco décima, undécima y duodécima; cada signo y cada casa tienen 30 grados. El número 10, el inicio del ciclo después del 9 finaliza en 12. El siguiente número, el 13, está oculto, De nuevo, los dígitos de este número suman 4, la secuencia más corta.

Cada carta del Tarot representa diferentes principios o elementos en la naturaleza. Ellas deben ser consideradas en sí mismas y en relación a otras cartas, según cómo influyan y operen sobre otros al revelar mensajes. Ellas son el alfabeto de un lenguaje espiritual descubriendo las leyes del universo y los misterios de la vida y mucho más.

Lo siguiente es ilustración de esta escritora, de los conceptos arreglados sobre el sagrado signo de la cruz, los cuales señalan las cuatro direcciones cardinales de la tierra. Recuerda que el 4 es el final del ciclo 1 y el inicio de un nuevo ciclo. Es hacia el Oeste, donde el Sol se oculta cada día. El punto cardinal representa acción, el primer principio.

```
                               T
                               I
                               |YOD
                             1 |King
                               |Scepter
                               |(1,4,7)
            2 _____|_____ 4
            A                   |                   O
            N                   |                   I
            HE                  |                   HE
            Queen               |                   Knave
            Cups                |                   Coins
            (2,5,8)           3 |                   (10)
                               R
                               R
                               VAU
                               Knight
                               Sword
                               (3,6,9)
```

Figura 4. Correspondencia con la cruz

Todo el Tarot se fundamenta en la palabra ROTA, arreglada como una rueda. INRI es la palabra que indica la unidad de sus orígenes, Francmasones y católicos... YOD-HE-VAU-HE... es la palabra que los designa a ambos, francmasones y cabalistas, la unidad de su origen. TAROT, THORA, ROTA, son las palabras que te señalan hacia tu este y oeste, La Unidad de tus requerimientos y aspiración en lo eterno. Adam-Eva, la fuente de todo conocimiento y todas nuestras creencias (Papus. 12).

INRI, Las letras colocadas encima de la cruz de Jesús significan: "Jesús de Nazaret, el Rey de los Judíos" (Juan 19:19). Los francmasones las leen como "Igne Natura Renovatur Integra", lo cual significa que mediante el fuego la naturaleza se renueva en pureza; fuego, en la naturaleza física y en espíritu, es un elemento de purificación. El espíritu restaura la materia pura. La primera letra I se repite al final, en el punto Oeste, y se convierte en la primera I en el siguiente ciclo.

En la Figura 5, como también podemos ver en la Figura 3, la letra hebrea YOD corresponde a 1 (1+0) y también corresponde al Rey y al Cetro en el Tarot. Y, el Rey, representa el inicio de los ciclos, autoridad y actividad, el modo cardinal de la materia. La letra HE corresponde a la segunda posición, el número 2. Representa la Reina y las Copas en el Tarot, el modo fijo de la materia, y el principio pasivo.

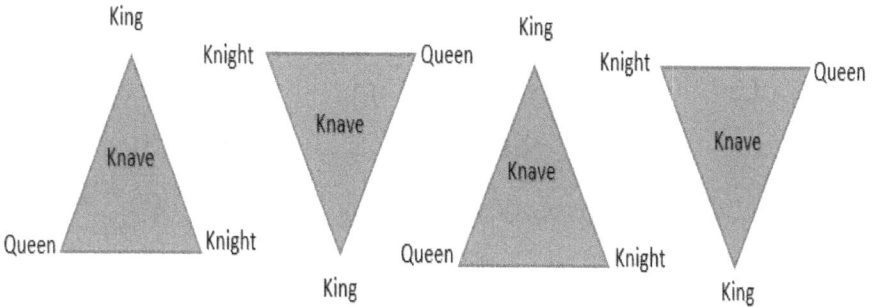

Figura 5. Larga secuencia de 4 ciclos cortos de triángulos. Estos corresponden a las Cortes y Palos del Tarot.

La letra hebrea VAU corresponde al número 3, que es El Caballero y el palo de La Espada en el Tarot. Como antes dije, el tres es la unión o EL Hijo de 1 y 2. El segundo He corresponde con el número 4. Mientras en el Tarot el 4 representa el final de un corto ciclo e inicio de un nuevo ciclo, La Sota y el palo de oros en las barajas del Tarot. La Sota, 4, es además, la transición de un ciclo al siguiente, donde se vuelve al número 1. Las figuras 5 y 6 son ilustraciones de esta escritora, sobre esos conceptos, para una secuencia de triángulos, representando ciclos cortos dentro de un ciclo más largo de 4 triángulos. Los ciclos que señalan hacia arriba representan el principio activo y los ciclos que señalan hacia abajo representan el principio pasivo. Esos triángulos representan las polaridades de las progresiones.

En la Figura 6 se representa la misma idea, del 1 al 4 es el ciclo corto dentro del ciclo total de 12 números (4 triángulos). La transición a la siguiente triada está representada por el número central o La Sota. Igualmente, en el ciclo de los 3 primeros triángulos, del 1 al 9 se representa al Rey, La Reina y El Caballero, como se ilustra en la Figura 5, el 9 manifiesta el número de iniciación dentro de la triada espiritual. Este número se corresponde con los 9 tramos de la escalera de Jacob, mencionado en la Biblia donde dice que Jacob… "tuvo un sueño, y contempla una escalera que estaba sobre la tierra, con su parte superior hacia el cielo, y mira los ángeles de Dios que ascendían y descendían en ella" (Génesis 28:12). El número 10 representa La Sota del último triangulo y el Rey del nuevo ciclo. En la escalera de Jacob el 10 también representa el YOD, Dios en la cumbre de la escalera.

La Figura 6 explica esta hermosa declaración de Max Heindel, "hay en total trece peldaños, y del estado presente de la última de las Grandes Iniciaciones del hombre, también hay trece iniciaciones -los nueve grados de los misterios menores y las cuatro Grandes Iniciaciones" (Heindel 61:61).

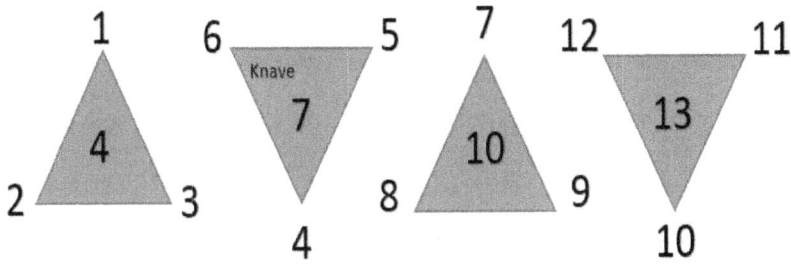

Figura 6. Secuencia correspondiente al Tarot y al Flamenco. Los números o golpes en el Ritmo del Flamenco básico o Compás.

El número total de las cartas del Tarot es 78, Si sumamos todos los dígitos numéricos del 1 al 12 el resultado es 78; si sumamos de acuerdo a los pitagóricos, 1+2+3+4+5+6+7+8+9+1+2=48. Estos dígitos. Estos dígitos sumados, dan 12, y 1+2 es 3. Si tomamos 78, el número final es 6, que representa el cielo. El significado de la palabra cielo es armonía; y como dije, el 6 corresponde a dos triángulos significando al macrocosmo (el triángulo señalando hacia arriba) y el microcosmos (el triángulo señalando hacia abajo), El Número 12 representa "...la manifestación De la Trindidad de las cuatro esquinas del horizonte – 3X4" (rindingthebeast. Com). 12 son los hijos de Jacob, las horas del reloj, los signos del zodíaco, y los golpes rítmicos del flamenco básico, conocidos como "el compás" en España.

En el Flamenco, "un ritmo básico de tangos... el compás de tangos acentúa los golpes 2, 3 y 4 de un ciclo de 4 golpes (comúnmente igualado con otro ciclo de cuatro golpes, dando frases en 8's). Como es usualmente el caso con los tangos tradicionales, la cuenta "uno" aquí es silenciosa (Ravenca Flamenco).

1 2 3 4

Figura 7. Ciclo Corto de Números en Pequeña Secuencia en Ritmo de Tangos Flamencos

El ciclo más largo o secuencia hará que este número sea 7 más 1 u 8, la octava de uno.

La ondulación diaria del sol es un ejemplo de un ciclo más largo o secuencia de números. Se puede ver elevándose desde el este, alrededor de las 6am cada mañana, alcanza su cúspide, su punto de culminación, a eso de las 12m, luego su dirección cambia hacia el sur cuando se pone en el oeste, para continuar su viaje al sur hacia la medianoche, 12am. El día de 24 horas es dos veces 12, un día y una noche, un ciclo activo y uno pasivo. De 6am a 6pm hasta 6am.

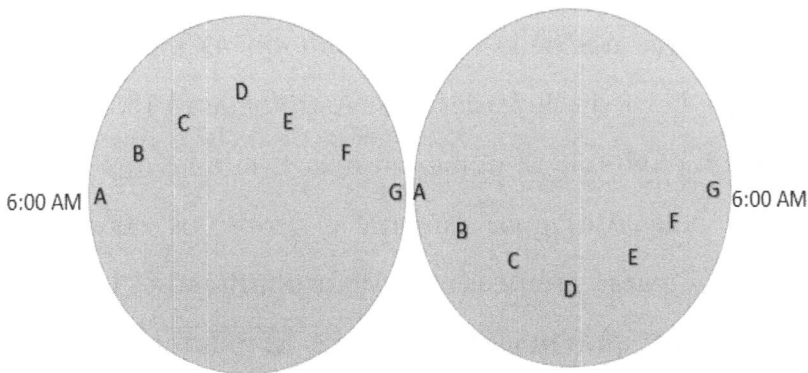

Figura 8. Escala musical correspondiente al movimiento del sol

Ve la Figura 8 para visualizar este concepto. Observa que la octava nota, G, se vuelve la primera nota, A, al final de la secuencia y comienzo de la siguiente. Si fuésemos a contar las notas musicales en la ilustración, solo contaríamos 7 notas en secuencia, A hasta F, ya que G es la nueva A. Este es el mismo concepto ilustrado en la Figura 6.

Observa la colocación de los números 4, 7, 10 y 13, en el centro de los triángulos, tal como representan el nuevo comienza en cada ciclo corto. El ciclo completo de activo, pasivo, activo, pasivo de ciclos cortos finaliza en 12; otra vez, 13 es el número incognito, el nuevo principio activo en un dominio más alto.

La figura 9 explica el concepto de ciclo largo desde otra perspectiva que nos da el mismo resultado, 4X3 es 12. Así es como se ve la rueda de la tierra en Astrología. El 13 oculto es el ciclo completo (de 12 números) más 1, el nuevo inicio. "si tomamos bolas de igual tamaño y probamos cuántas se necesitarán para cubrir una y ocultarla de la vista, descubriremos que requeriremos de 12 para ocultar una décimo tercera bola" (Heindel. 7718).

El ciclo largo de 12 golpes es el ritmo del flamenco básico, el compás. Los acentos se hacen en la melodía y por palmadas, de acuerdo al estilo flamenco o palo bien ejecutado. Los acentos son de importancia en la fracciones del ciclo, o pequeños círculos dentro del ciclo mayor de 12 El ritmo Bulerías, el más común, se toca con acentos en los golpes 12, 3, 6, 8 y 10. –Observe que son los números que corresponden a los caballeros en el Tarot y VAU en el Tetragrámaton. En flamenco, los ciclos también son activos y pasivos. Hay más de 50 ritmos flamencos, de los que el "compás" de 12 es la estructura. La diferencia no está en el número o golpes, sino en los acentos y fracciones de los números dentro del compás, ciclo o secuencia.

La sabiduría y el número 13

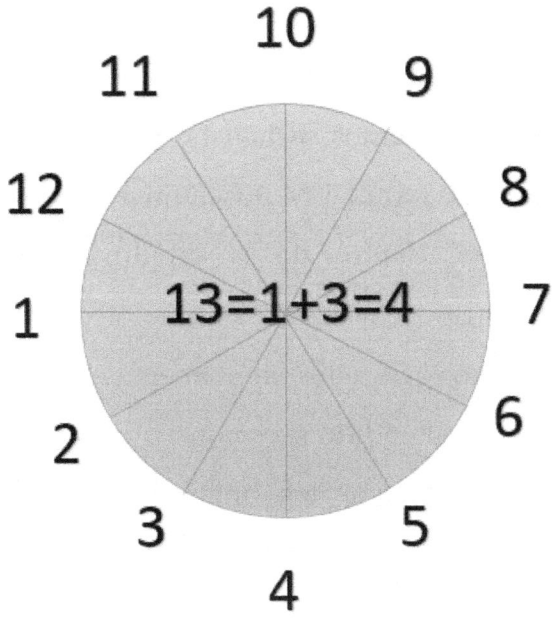

Figura 9. El Número 13 Oculto

Nosotros no podemos explicar por qué la matemática funciona, pero sabemos que es un lenguaje universal, una ley, el hombre descubierto en la naturaleza por necesidad. Durante su viaje en la tierra, el hombre concibió la necesidad de contar. Mediante el uso de las matemáticas otros numerosos descubrimientos se han hecho y se harán. Como diría Pitágoras una y otra vez, los números son todo, ellos contienen la clave dentro de la sabiduría viviente. Los antiguos profetas reverenciaron los números porque vieron el significado interno que ellos contienen. Aquellos quienes pueden "ver" han entendido esos conceptos. De acuerdo con Swedenborg, el habla de los ángeles se revela por los números.

"A menudo se me ha demostrado que las cosas espirituales del cielo, como aquella de que los ángeles piensan y hablan, también caen dentro de los números. Cuando ellos estaban conversando, su discurso cayó en números puros, y estos fueron vistos sobre papel, después dijeron que fue que su discurso había caído en números y que esos números, en series, contenían todo lo que ellos revelaban" (Swedenborg. 429).

En tiempos antiguos, el significo interno de las cosas, el conocimiento, se le revelaba solo a los hombres de comprobada receptividad y merecimiento de recibirlo; a esos hombres se les llamaba iniciados y adeptos. Esta es la razón por la que "Jesús habló a la multitud, de todas esas cosas, en parábolas, él no les dijo nada sin usar una parábola" (Mateo 13:34). ¿Es una coincidencia que este pasaje esté en el capítulo 13? El conocimiento de los antiguos, la sabiduría, es como el número 13, oculto, solo revelado a quien pueda "ver".

Cuando los discípulos de Jesús le preguntaron por qué hablaba a la gente en parábolas respondió:

"...porque el conocimiento de los secretos del reino de los cielos ha sido dado para ti, no para ellos. Quien tiene se le dará más y tendrán en abundancia. Quien no tiene, hasta lo que tengan se les quitará. Por esto es que yo les hablo en parábolas" (Mateo 13: 11-13).

Jesús explicó a sus discípulos lo profundo de los misterios. Se dice que Jesús vino a la Tierra cuando la humanidad había llegado al nadir de la materialidad, y así había perdido toda la percepción interna de los mundos interiores. En consecuencia, el hombre material estaba completamente ciego, no podía "ver" (entender) nada espiritual.

Según Manly P. Hall, para preservarlo, ocultaban el conocimiento:

"Sin embargo, para que ese conocimiento no se perdiera, estaba oculto en alegorías y mitos que no tenían sentido para el profano, pero auto evidente para aquellos familiarizados con esa teoría de redención personal, lo cual fue el fundamento de la teología filosófica. La misma Cristiandad puede citarse como ejemplo. Todo el Nuevo testamento es de hecho, una exposición ingeniosamente oculta de los procedimientos secretos de la regeneración humana" (Hall. 5106).

Muchos de nosotros conocemos sobre la indolencia de la sociedad a través de las edades; mientras que los profetas y hombres ilustrados han revelado verdades universales, van con ideas innovadoras y nuevos descubrimientos, en lugar de abrazar el conocimiento para el crecimiento humano, la sociedad ha perseguido y asesinado a muchos de esos profetas y maestros de la humanidad. La manera de indolencia es matar la verdad, como también lo dice el buen libro, "Jerusalén, Jerusalén, tú quien matas a los profetas y apedreas a los que te han enviado, cuán a menudo he anhelado reunir juntos a tus hijos, como una gallina reúne sus polluelos bajo sus alas, y tú no estabas dispuesta" (Lucas 13:33). Por eso este conocimientos ha estado oculto, solamente para ser percibido por el buscador de la verdad, aquel quien desarrolla la visión interna.

La sociedad no evolucionada tiene un problema con la verdad, ya que la verdad hace libre a toda la gente de la tierra. Donde hay verdad no hay lugar para la falsedad, controlar a los demás, egotismo o egoísmo de alguna manera. Wagner, un iniciado, fue uno de los artistas que ocultaron verdades en su labor artística. En los *Misterios de las Grades Operas*, Max Heindel escribe respecto a los mensajes ocultos en relación al tema de la verdad, en el Anillo de Wagner del Niebelung:

..."En el anillo del Nibelungo. Wotan decreta que Brunilda, el espíritu de la verdad, va a dormir, porque él teme a la pérdida de su poder si él la retiene después de que ella se ha rebelado contra sus limitaciones y rehúsa protegerse de Hunding, el espíritu de convención. El pronuncia su sentencia con tristeza, diciendo que ella debe permanecer dormida hasta que alguien más libre que él, el dios, la despertará... Solamente los intrépidos están libres de amar y vivir la verdad. Por eso, Brunilda va a dormir en una desolada roca, y a su alrededor arde por siempre un círculo de fuego encendido por Loge, el espíritu de ilusión" (93-94).

Hubo un tiempo en la tierra cuando este no era el caso. Hay relatos de una edad dorada donde los principios de la verdad permanecían sobre todas las cosas. A nosotros se nos ha dicho que desde aquella edad dorada la humanidad descendió dentro de una edad plateada, luego a una edad de bronce; y, finalmente a una edad de hierro, donde la espiritualidad y la realidad superior fueron oscurecidas y olvidadas. Se dice que el hombre perdió contacto con el mundo de los espíritus.

Las edades del hombre también siguen ciclos de acuerdo la ley del ritmo. Esta ley establece que todo en la naturaleza sigue ciclos, incluso las actividades mentales y la evolución de la humanidad a través de las edades. Está escrito en *El Kybalion* que "todo fluye, afuera y adentro, todo tiene su curso, todas las cosas se elevan y caen, el balance del péndulo se manifiesta en todo, la medida de oscilación hacia la derecha es la medida de oscilación hacia la izquierda, el ritmo compensa" (capítulo XI).

Durante la edad dorada, la educación fue el derecho básico de cada ser humano. Las reglas de esta edad mantuvieron sagrado el ideal de proveer la mejor educación a su pueblo. Ellas sirvieron para el bienestar de la humanidad porque los reyes eran instruidos y poseían sabiduría. Bajo sus gobiernos había abundancia; y, era de principal importancia que todas las potencialidades humanas quisieran prosperar. En la consumación de la edad dorada, sin embargo, el balance pendular cambió su movimiento en dirección a lo opuesto. Así, si se estaba moviendo "hacia" adelante, dio un rápido vuelco hacia atrás, en dirección hacia una edad plateada, donde los más elevados estados de conciencia lentamente desaparecieron dentro del hombre. Mientras caía más y más profundo desde lo espiritual a lo material, perdió contacto con los reinos espirituales más elevados. Su estado de materialidad se intensificó en la edad de bronce; después, en la edad de hierro, donde la lucha con la materia bruta aumentó. Cuando el hombre llegó al fondo de la materialidad, se detuvo el balanceo del péndulo y cambió la dirección hacia adelante, ascendiendo una y otra vez hacia una nueva edad dorada, un nuevo ciclo. Aquí es donde estamos, en el momento preciso, de acuerdo con los místicos. Habiendo salido de la fase estacionaria en el fondo del ciclo material, otra vez nos estamos moviendo hacia adelante. Esto nos da mucha esperanza. En Astrología, este movimiento hacia adelante y hacia atrás, es lo que sucede cuando un planeta está en movimiento retrógrado durante el ciclo de un año. Cuando un planeta en movimiento retrógrado alcanza el punto más lejano de su aparente movimiento de retroceso, se detiene y luego empieza a moverse de nuevo hacia adelante. Los planetas realmente no se mueven hacia atrás; sin embargo, a causa del movimiento de la tierra, algunas veces un planeta puede estar en uno de los ángulos de la tierra, y por eso se le ve desde la tierra como moviéndose hacia atrás. Como la tierra continúa girando sobre su eje y rotando alrededor del Sol, el foco de reflexión de energía cambia la dirección; así el planeta se ve de nuevo en movimiento hacia adelante. Mientras la tierra viaja en el sistema solar, es afectada por las vibraciones de todos los otros cuerpos en el sistema del universo en diferentes formas. Estas vibraciones están sujetas a la frecuencia del movimiento de los planetas; y, además, estas frecuencias crean ciclos que nos afectan en todas las áreas; en lo material como en los planos psíquicos. Los ciclos más largos, conocidos como los años platónicos, también pueden ser medidos por lo que se conoce como la precesión del sol. Aún no hemos empezado a escarbar la superficie hasta obtener conocimiento de esos ciclos y su efecto sobre la humanidad de este tiempo. En todo lo que existe hay una manifestación de movimiento que puede ser medido; hay siempre un fluir y una afluencia, una marea alta y una baja, una noche siguiendo al día. Esta actividad constante de brillo y extinción existe en cada departamento de la naturaleza. "El Principio del Ritmo está estrechamente conectado al Principio de Polaridad... El Ritmo se manifiesta entre los dos polos establecidos por el Principio de Polaridad. Esto no significa, sin embargo, que el péndulo del ritmo balancea hacia los polos extremos, porque eso raramente sucede... sino que el balance es siempre primero "hacia" un polo y luego al otro. Siempre hay acción y reacción; un avance y una retirada, un saliente y un hundimiento, manifestados en todos los espacios y fenómenos del Universo. Soles, mundos, hombres, animales, plantas, minerales, fuerzas, energías, mente y materia; si, hasta el espíritu manifiesta este principio. Empezando con la manifestación del espíritu –de EL TODO- se notará que siempre hay una efusión y una inspiración... Los universos son creados, alcanzan su punto extremadamente bajo de materialidad, y luego empiezan su giro ascensional. Los soles surgen en el ser, y entonces, habiendo alcanzado su mayor poder, el proceso de retrogresión empieza, y después de eones se convierten en masas muertas de materia, en espera de otro impulso que inicie otra vez sus energías internas en actividad y comienza un nuevo ciclo de vida solar." (Kybalion.org).

Observando la evolución del hombre a través de los ciclos y en su situación actual, Max Heindel escribe:

"… la presente fase o período de desarrollo, aunque no se le puede llamar una edad dorada en manera alguna sino sentido material, es con todo, necesaria, para traer al hombre al punto donde se pueda gobernar a sí mismo, porque la auto maestría es el fin y propósito de toda gobernabilidad. Ningún hombre puede permanecer a salvo sin gobierno, si no ha aprendido a gobernarse a sí mismo, y en el presente escenario de desarrollo, que es la tarea más dura que se le puede dar. Es fácil mandar a otros, es difícil forzar la obediencia desde uno mismo."

En otras palabras, las edades o ciclos de la humanidad, están sujetos a que todos son necesarios para su evolución. Todo en el universo sigue el fluir de los ciclos de iluminación y lo opuesto, oscuridad, en espirales. Es la misión del hombre en esta edad, desarrollar su cerebro y su corazón; y, debe obtener conciencia de quién es él realmente, debe conquistar la materia, su naturaleza humana, y llegar a ser su propio maestro por el despertar de su verdad interior.

Los videntes sabían que la edad dorada finalizaría. Estaban enterados de que la humanidad perdería su espiritualidad; y, como el nadir de la materialidad en la tierra se estaba aproximando, sin duda, esos videntes temían que las doctrinas de la verdad se perderían para la humanidad. Para preservar el conocimiento de la edad dorada, lo escondieron. La síntesis del conocimiento adquirido durante la última edad dorada fue escondida dentro de las sociedades secretas. Estas sociedades secretas, como la Masonería y los Rosacruces, son continuaciones de los movimientos clandestinos que existieron durante la persecución de los hombres de conocimientos. Estos movimientos clandestinos incluyen a los pitagóricos, quienes se identificaban usando el pentagrama como un signo. Los primitivos cristianos también tuvieron que ocultarse, usaban el signo del pez para reconocerse entre ellos mismos. Los misterios también fueron escondidos en libros conteniendo significados internos, tales como La Tora y el Nuevo Testamento. El significado real de estos libros es entendido por los místicos, aquellos que han desarrollado la visión espiritual. Los artistas que eran místicos, como Wagner y Rafael, el pintor, también ocultaron los misterios dentro de sus artes. Pero, lo más peculiar de los lugares donde los videntes escondieron el conocimiento oculto es entre aquel grupo de gente que están hoy, en su mayor parte, ignorantes del origen del tesoro que contiene sus tradiciones, los gitanos.

"Las cartas del Tarot fueron depositadas por los iluminados hierofantes de los misterios, en manos de los tontos e ignorantes, convirtiéndose así en juegos –en muchos casos instrumentos de vicio" (Hall. 8985).

Al explicar sobre el descubrimiento de que el Tarot de los Gitanos es en verdad el Libro de Toth y la llave para ocultar el conocimiento, Papus expresa: "Así, mientras el Francmasón, un hombre inteligente y virtuoso, ha perdido la tradición, mientras el sacerdote ha perdido su esoterismo; el gitano, aunque ignorante y vicioso, nos ha dado la clave que nos habilita para explicar todo el simbolismo de las edades."

Nosotros en verdad, debemos estar en deuda con los gitanos por la preservación de este libro, el Tarot, que es la clave para descubrir la síntesis de todo el conocimiento y enseñanzas de la antigüedad. Los buscadores de la humanidad realmente tenían sabiduría, y mostraron su ingenuidad al colocar este tesoro en las manos de los gitanos. Según Papus, estos grandes videntes "… utilizaron el vicio y lo hicieron producir más resultados beneficiosos que virtud." (Papus.124).

Discusión

Los antiguos de la edad dorada, los videntes, a través de los ciclos de la humanidad han entendido el simbolismo de los números. Ellos sabían que además del significado externo, acostumbrado en trabajos, ciencias y otras disciplinas, contenían significado interno, como todo lo que existe en este mundo tiene lo externo e interno. Hoy, la humanidad en general, aun tiende a pensar que la numerología es un interés marginal, a pesar de la abrumadora evidencia de lo contrario. Las masas aún son controladas mediante los condicionamientos de sus mentes con nociones preconcebidas que sirven de obstáculos al percibir el mayor significado de las cosas. La gente ha sido programada dentro del pensamiento acorde con la agenda de aquellos que quieren controlar el mundo. Los rezagados, aquellos que quieren controlar y manipular a la humanidad, no avanzan espiritualmente y sirven como bloques de tropiezos para otros. Su propósito es arrastrar a la humanidad hacia abajo con ellos, y evitar que otros obtengan autodominio y avancen hacia una nueva edad dorada.

Los números son los guardianes de los conceptos espirituales que no pueden ser expresados en palabras. En el flamenco los golpes representan esos números. Ellos son los guardianes del tiempo; simbolizando los arquetipos, son oráculos con mensajes ocultos desde el mundo espiritual, revelados por los místicos y contenidos en las cartas del Tarot. Esas cartas nos enseñan sobre los vínculos entre la mentalidad inferior y superior, y entre el mundo material y el mundo espiritual. Toth, el Hermes egipcio, está asociado al planeta Mercurio en Astrología, se le conoce como el mensajero de los dioses. Es muy natural que él escribiera usando la sencillez para transmitir mensajes profundos. Es firme, alerta y presta atención a los detalles; su lenguaje es preciso y no requiere muchas páginas como en los libros escritos por los hombres. La sencillez es realmente el lenguaje de Dios. El hombre lo complica cuando no puede ver fuera de su área.

El lenguaje de Dios es como él es, mental; así, cada letra, cada número y cada expresión reflejada en la música, el Tarot, en la Cábala, contienen todo el conocimiento que pueda retener. El concepto dentro de ellos es infinito. Solo el Dios dentro de nosotros puede reconocer el Dios superior. El hombre sensual no puede entender el lenguaje de los dioses hasta que se eleve fuera de su envoltura de encarnación material y aprende a ver dentro de sí mismo, más allá de los sentidos materiales de percepción. Diez son las acciones, las opciones, los hombres tienen que subir la escalera de Jacobo. Así como Jacobo luchó con el hombre en Génesis 32:24 para obtener su bendición, nosotros también tenemos nuestro propio yo personal para superarnos y disfrutar las bendiciones de una vida superior. Los diez mandamientos nos muestran cómo mejorar cuando salimos de una humanidad infantil. Doce es la gran imagen, incluye los 90 grados de los signos abstractos de zodíaco, la fe y lo espiritual, el mundo espiritual. Conquistando sus acciones individuales y haciendo la elección correcta, el hombre obtiene el número diez, el tope de la escalera. El número 11 es la unión entre el 10 y el 12. 11 representa a los humanos, al hombre resucitado; y en el número 12, se vuelve un   ciudadano del mundo espiritual. Toda la verdad está en el número 12, y 12 X 12 es 144.000. En el Libro de la Revelación este número es la población de la Nueva Jerusalén.

Note que los dígitos de este número suman 9, el iniciado. El que vive en el reino ahora.

La cuenta de 12 tiempos del flamenco incluye la verdad entera. El ritmo con sus acentos sigue el mismo "flujo", como la fluencia de 1, 2, 3, y 4, en ciclos cortos y largos en las cartas del Tarot. El Loco, la carta 0, es también el bailarín o alguien tocando el instrumento, el guitarrista o el percusionista. Todos somos danzantes en la vida. Aprendemos a bailar a lo bruto del ritmo universal mediante las lecciones que la vida nos enseña. Si no aprendemos, las lecciones se mantienen regresando hasta que lo hacemos, la misma música se mantendrá tocando hasta que estemos listos para movernos al nuevo baile. El baile puede ser tan difícil o tan fácil como le permitamos ser.

La filosofía subyacente del flamenco es la misma dentro del Tarot y la Cábala. Como antes dije, cada cuenta de compás representa un oráculo, cada ciclo rítmico también tiene polaridad. El número 13 oculto también es el nuevo inicio en el siguiente ciclo largo. Esta escritora no puede exponer más que si sumamos los dígitos de este número, el resultado es 4, donde 4 también es uno en el siguiente ciclo corto; igualmente, 3 veces 4 ciclos forman 1 ciclo largo de 12 compases sobre un ciclo más largo.

Se dice que "una imagen vale más que mil palabras." En la siguiente ilustración, esta escritora ha incorporado los conceptos de los ciclos, las notas musicales, los signos del zodíaco, las horas del día y los números, representando el movimiento diario de los rayos solares. Esos son los números en la unidad rítmica básica del flamenco, el compás.

En la Figura 10, la escala musical de ocho números está representada por las primeras siete letras del alfabeto más una que es el número 8 o letra g; 8 o g, es la repetición del número 1, o letra a. Este número o letra, se le llama la octava y simboliza un nuevo comienzo, una repetición de uno en una fase más alta o nuevo ciclo. Esta numerología semeja la estructura del ritmo Tango del flamenco. El flamenco nos ayuda a sincronizar dentro de la verdad universal, el ritmo y en el dominio de nuestras emociones descontroladas, debido a que provee una manera de expresarlas usando la mente y el corazón, los números dentro de la música.

En cuanto a las cartas del Tarot, nadie realmente conoce su origen. Ella han estado en una u otra forma en antigua China, Egipto, India y Europa. Su uso original parece haber sido sagrado, antes de que fuesen utilizadas para jugar y decir la fortuna. El hombre pensante en un tiempo, al comprender su imposibilidad de conocer su pasado o futuro, buscó las respuestas solo en lo que lo abstracto pudiera darle. El, lentamente ha aprendido a descifrar la naturaleza y a descubrir su lenguaje y sus leyes. En su busca por una manera de resolver los problemas de su vida laborar, y de hogar, y aprender cómo vivir, el hombre ha descubierto los oráculos, los mensajes dentro de la mitología de la antigüedad, los símbolos en el mundo material que nos da señales dentro de un mundo desconocido. El hombre comprendió que hay mucho más de lo que podemos ver en el mundo de los efectos, lo material.

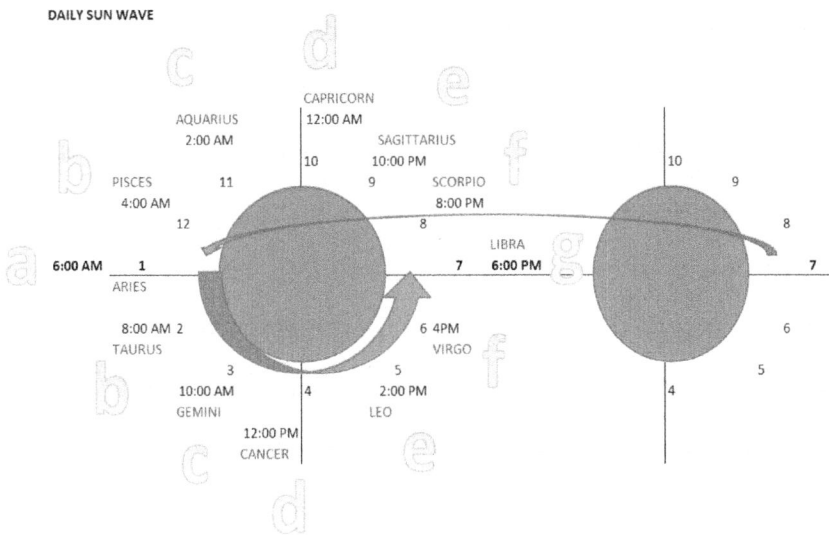

Figura 10. Movimiento diario del Sol. Correspondencia con la música, el zodíaco, las horas del día, el movimiento del Sol y los números en la unidad rítmica básica del flamenco.

El lenguaje simbólico es el reflejo de todas las cosas bajo el cielo. Está en los sólidos geométricos, la explicación pitagórica del sistema de números, el ADN, música, astrología, y en las letras de los alfabetos antiguos.

Ciertas tradiciones contienen mensajes clarividentes; como los mensajes naturales que se transmiten a través de todo lo que es manifestado en el mundo físico. Lleva El Loco alguna vez, si siempre lo hace en el curso de esta vida, para comprender su propósito de estar aquí y la realidad de quién es él. Una persona puede llevarlo consigo para estudiar y estudiar, y nunca poder encontrar respuesta alguna. Requiere "doblar nuestras rodillas", ir dentro de nosotros mismos y pedir las respuestas. Tal como dijo Jesús, sólo necesitamos pedir, y se nos dará. Debemos estar tranquilos y utilizar nuestros sentidos internos de percepción para escuchar la más elevada realidad que está más cerca que nuestras manos y pies.

Somos como la semilla de la planta. La semilla contiene todo lo que somos; y, todo lo que siempre seremos. Cuando la semilla es plantada en el útero de nuestra madre, y nuestro espíritu viene a través del vacío hacia la manifestación física, estamos sujetos a las leyes que gobiernan este mundo. Hemos venido a aprender desde el árbol del conocimiento que eventualmente nos dará de comer los frutos del árbol de la vida. Nuestros cuerpos crecen, y nuestra fuerza interna se manifiesta mediante nuestros cuerpos. Cada detalle de nuestro cuerpo atestigua de quiénes somos, si prestamos cuidadosa atención a esos detalles.

Las palmas de nuestras manos describen nuestras fuerzas internas; por eso pueden ser leídas por quienes saben cómo hacerlo. Las impresiones de nuestros dedos son únicas y describen quiénes somos. Nuestros rostros, nuestra estructura ósea, nuestras manos, la forma de caminar, la manera de hablar, la manera de escribir, la forma como miramos a otros, nuestro maneras, nuestra disposición y todo lo que hacemos, reflejan en lo exterior lo que somos internamente. Nuestros ojos son las ventanas del alma, el tono de nuestras voces da señales de la persona que habita el cuerpo. El alma es el producto de nuestro trabajo interior. Nuestro ser interno nos está moldeando con el propósito de darnos acrecentamiento consciente mediante las lecciones que aprendemos. La meta final es aprender estas lecciones y lograr nuestra verdadera identidad; de tal manera que nuestra propia verdad pueda superar todas las ilusiones y ser bien manifestada y ahora mismo a través de todo lo que somos y todo lo que hacemos.

Los mensajes de los antiguos nos dan las pistas y nos enseñan cómo vivir. Ellas son las herramientas instrumentales que podemos usar para pronosticar los patrones de energía que tenemos para bailar y conquistar. Una vez que conquistemos entenderemos que tenemos el poder de permanencia, el equilibrio. Aprenderemos a vivir en eternidad ahora. Llegaremos a ser ciudadanos de la Nueva Jerusalén, la ciudad de la paz, y trascender todo entendimiento intelectual y vivir en un estado eterno de justo conocimiento. El número 144.000 reducido a 9 nos dice que tenemos que ir a través de varias iniciaciones hasta lograr nuestro destino, el cual, en realidad está aquí, dentro de nosotros mismos.

Sí, podemos conocer el pasado y el futuro ahora, pero cada uno de nosotros tiene que aprender a verlo dentro de sí; y es6to requiere algún esfuerzo de nuestra parte. Eventualmente, aprenderemos que nadie más puede darnos las respuestas porque lo que buscamos está realmente dentro de nosotros. Comprenderemos entonces que conocer el futuro no es tan importante, ya que el futuro, al igual que el pasado, está aquí. Comprenderemos que todos somos gitanos; que debemos seguir el camino y continuar buscando nuestro lugar en el mundo, hasta encontrarlo dentro de nosotros.

Conclusión

Los gitanos, al igual que los judíos, son guardianes de los misterios. Los gitanos mantuvieron en su pureza, a los oráculos de los números musicales y el libro de Toth, el Tarot. Al seguir sus tradiciones, establecidas por la sabiduría de los antepasados, se casaron dentro de su propia casta y se mantenían ellos mismos para preservar el conocimiento. Hasta de ellos mismos mantenían esos conocimientos ocultos. Aunque muchos han vivido sin descubrir sus tesoros, ellos los han conservado para la humanidad como si este fuera el diseño brillante. Aquellos que no aprendieron, aprenderán. El tesoro está a nuestra disposición ahora.

Quizás en un tiempo, los primeros gitanos conocían el significado de lo que llevaban con ellos. No obstante, fue a través de las edades, los ciclos, que esta gente perdió el conocimiento verdadero de lo que ellos poseen. Esto me recuerda la última visita a Perú de esta escritora, con el propósito de observar las famosas líneas de Nazca, que solo pueden ser vistas desde el aire. Cuando pregunté a la recepcionista del hotel, si ella había visto las líneas, respondió, "nunca", aunque ella había vivido ahí toda su vida. Podemos vivir todas nuestras vidas sin conocer lo que tenemos con nosotros. Cada uno de nosotros ha vivido con un inmenso tesoro. Todos hemos sido como los gitanos, cada uno de nosotros, el bailarín, El Loco. Me pregunto si Papus comprendía esto cuando generalizó en su afirmación al describir a los gitanos como viciosos. El también es un gitano. Muchos de nosotros hemos viajado y continuamos viajando por esos caminos.

Los números están aquí, y así están los oráculos de las cartas del Tarot. Tenemos la Cábala, la Astrología, la Música, todas esas cosas basadas en números. Pero tenemos algo de más valor con nosotros. Tenemos la habilidad de simplemente conocer cuando logramos el balance y llegamos a centrarnos en nuestro ser interno. Como dijo Ralpg Waldo Trine, "encontrar el centro de uno, volvernos centrados en el infinito, es el primer grado esencial de cada vida satisfactoria, y después salir, pensar, hablar, trabajar, amar, vivir, desde este centro" (1801).

Tenemos todas las herramientas. Con el flamenco y todos los tipos de música para esta materia, podemos aprender a controlar nuestro vehículo astral, que es nuestra naturaleza emocional. Con el conocimiento intelectual de los números y arquetipos y todas las disciplinas que ellos abarcan, podemos conceptualizar las leyes que gobiernan el universo y obtener conocimiento útil para vivir nuestras vidas. La mente, sin embargo, es el vínculo entre las naturalezas altas y bajas; y, lleva el fluir del espíritu para entrar en nuestros corazones y cerebros hasta obtener la clave del mundo del conocimiento, la clave del reino de los cielos. Una vez que la conexión con el ser interior se establece, "tu responsabilidad consiste en mantenerse en fidelidad y en una conexión que nunca falle con esta fuente infinita" (Trine. 1450).

El hombre crea su propio laberinto hasta que comprende la respuesta, no en complicadas matemáticas, libros difíciles de leer o ritos misteriosos, sino en sencillez. Dios es justo, bueno, y tiene sentido de humor. A él no se le puede engañar porque el conoce el corazón del hombre. Sus leyes son justas como él. Porque está escrito una y otra vez: "Yo destruiré la sabiduría del sabio; la inteligencia del inteligente yo frustraré. ¿Dónde está la persona sabia? ¿Dónde está el maestro de la ley? ¿Dónde está el filósofo de esta edad? ¿No ha hecho Dios tontería de la sabiduría del mundo" (Corintios 1:19).

Nosotros estamos aquí para recibir el velo de la ilusión; desarrollar nuestros cerebros y corazones. Solo cuando nos desarrollamos dentro de lo que realmente somos, veremos dónde está nuestro destino, nuestro hogar; en el ínterin, continuaremos siendo gitanos. Nuestra danza puede ser agradable. Podemos ser como niños, abiertos al aprendizaje; y, pueden nuestros corazones estar agradecidos, puros y sencillos, y nuestra mente iluminada por siempre.

Bibliografía

Blavatsky, H.P. *The Secret Doctrine*. London. 1888. All Editions: 7. Kindle.

Bursten, Lee. *Universal Tarot of Marseille*. Lo Scarabeo. 2006. Print. Frater, X. *Music of the Spheres*. Rosicrucian Digest. Vol. 87. No. 1. 2009. Print.

Garcia Lorca, Federico. *Theory and Play of the Duende*. Translated by A.S. Kline @ 2007. Poetryintranslation.com. Web.

Hall, Manly P. *The Secret Teachings Of All Ages*. Originally self-Published in 1928. Kindle.

Heindel, Max. *Mysteries Of The Great Operas*. The Rosicrucian Fellowship, Mount Ecclesia, 222 Mission Avenue, Oceanside, CA. 2011. Print.
-----*The Rosicrucian Cosmo-Conception*. An elementary treatise upon Man's Past Evolution, Present Constitution and Future Development. Third Edition. Rosicrucian Fellowship, Ocean Park, California. 1911. Kindle.

Holy Bible: *New International Version*. Biblica Inc. 2011. Web.

Levi, Eliphas. *Dogma Et Rituel De La Haute Magie*. Part II: The ritual of Transcendental Magic. Translated by A. E. Waite. Rider & Company, England, 1896. Print.

Lewis, H. Spencer. *Self-Mastery and Fate with the Cycles of Life*. Supreme Grand Lodge Of The Ancient and Mystical Order. RosaeCrusis. 2015. Kindle.

Lorenz, Roberto. *Flamenco - Its Origin and evolution.* timenet.org. Web.

Masters, Paul Leon. Miniter's/Bachelor's degree curriculum. 4 vols. Burbank, CA: Burbank printing, 2012. Print.

Meisner, Gary. *Mathematics of Phi, 1.618, the Golden Number.* 2012. Goldennumber.net/math. Web.
-----*Theology,* The Golden Number. 2012. Goldennumber.net/theology. Web.

New World Encyclopedia. *Ancient Egypt.* Newworldencyclopidia.org. Web.

Papus, *The Tarot of the Bohemians.* The Most Ancient Book in the World-For the Exclusive Use of Initiates. Translated by A.P. Morton. Samuel Weiser, Inc. Revised edition (1958). Print.
Pheps, Ruth. *The School of Pythagoras.* Rosicrucian Digest. The Pythagoreans. Vol. 87. No. 1. 2009. Print.

Ravenna Flamenco *Tangos Metronome.* Ravennaflamenco.com. Web.

RidingTheBeast.com. *Properties of the number* 12. Web.

ROTA/TARO Key to Things Hidden since the Foundation of the World. Web. cartedatrionfi.tripod.com/RotaTaro.html
Sacred-texts. *Pythagorean Mathematics.* Sacred-texts.com/eso/sta/sta16.htm. Web.

Singing and Chanting. thedance.com/wicca101/songs.htm. Web.

Steiner, Rudolf. *Esoteric Cosmology.* Eighteen lectures delivered in Paris, France May 25 to June 14, 1906. Kindle.

Swedenbog, Emmanuel. *Apocalypse Explained*. Swedenborg foundation. Swedenborg.com/spiritual-meaning-of-numbers. Web.

Szalay, Jessie. Livescience. *Chromosomes: Definition & Structure*, February 19, 2013. Livescience.com. Web.

TNN, *Times of India*. Timesofindia.indiatimes.com/life-style/where-do-gypsies-come-from. 2013. Web.

Today I Found Out. *Feed Your Brain*. todayIfoundout.com. Web.

The Three Initiates. *The Kybalion*. Yogi Publication Society. 1908. Web. Kybalion.org.

Trine, Ralph Waldo. *What All The World's A-Seeking The Vital Law of True Life, True Greatness Power And Happiness*. New York. Dodge Publishing Company. 220 East Twenty-Third Street. Kindle.

Wikipedia. *The Free Encyclopedia*. Web.

Wirth, Oswald. *The Tarot Of The Magician*. Samuel Weiser, Inc. York Beach, Maine. 1985. Print.
-----*Tarot of the Magicians*. The Occult Symbols of the Major Arcana that Inspired Modern Tarot. Introduction by Mary K. Greer. Red Wheel/Weiser, LLC. 2012. Web.

Your Dictionary. *Examples of Quadratic Equations*. Examples.yourdictionary.com/examples-of-quadratic-equation.html. Web

Made in the USA
Las Vegas, NV
16 September 2021